はじまりは
愛着から

人を信じ、自分を信じる子どもに

児童精神科医
佐々木正美

福音館書店

目次

画　山脇百合子

Published by Fukuinkan Shoten Publishers, Inc., Tokyo, 2017
Printed in Japan

はじまりは愛着から

——人を信じ、自分を信じる子どもに——

母性とは、父性とは
——子どもが健全に育っていくために——

まず、母性性を必要なだけ充分に与えること。
そのあと順次、父性性が機能していくことが
何より重要です。

母性、父性は順序が大切

子どもが健全な社会的存在として育つには、家庭の内外の環境に、「母性」的なものと「父性」的なもの、両方が必要ということには、異論がないでしょう。

母性的、父性的としたのは、一人親の家庭でも、母親や父親がその両面を子どもに与え

ることができ、健全に育児をすることが可能だからです。そして、この両面性が本当に大切だということは、子どもの精神医学や精神保健の臨床を半世紀近くずっとやってきた今、改めて深く実感せずにはいられません。

両親がそろっていても、母性性や父性性が子どもの心に届いていなければ、健全に育ちません。子どもが心を病むとき、背景に豊かな母性や父性に恵まれることがなかったことが、ほとんどの場合確認できます。

しかも、この母性と父性は、バランスよく働けばいいのではなく、必ず順序よく、子どもの心に届かなくてはなりません。

母性は安らぎのもと、心のよりどころ

母性性とは、家庭のなかで子どもや家族を受容、許容、承認する力です。そのままでいいよという安らぎ、憩い、くつろぎの体験を充分にさせてやるものです。子どもに、包みこまれている安定感や、見守られているという安心感を実感させるものです。

親の顔色をうかがいながらものを言うような子どもではなく、安心して本音で口がきけ

る子どもにしてやるものです。成長していく過程で、常に自信をもって生きていくための心のよりどころを与えてやるものです。

これまで出会ってきた数多くの非行少年たちは、ここが大きく欠落しているのが常で、そのたびに、母性性の大切さは、乳幼児期から思春期、青年期に至るまで一貫していると確認したものです。

少し誇張して言うなら、母性性とは子どもが望むことを何でもかなえてやるものといっていいでしょう。もちろんそれは、けっして甘やかしではありません。

父性は規律、約束、努力の根源

父性性は、子どもの成長にしたがって、さまざまな規律、約束、義務、努力、緊張といったことを教えていきます。約束を破ったり、努力を怠ったりすれば、叱《しか》られたり罰せられるのだと教えるのです。

それは父性原理に基づくもので、父親が中心的な役割を担うのが自然ですが、父親だけで営むものではありません。母性性が母親一人の役割ではなく、母親が中心になって果たす育児機能であり、父親（夫）との協調性のなかで優れた働きを示すのと同じです。

両者がバランスよく子どもに働きかけることが大事なのはもちろんですが、もっと大切なことがあります。それはまず母性的な養育を充分にしたあと、順次、父性的な、いわばしつけ的な育児をするように心がけること、つまり母性と父性は、バランスより順序が大切なのです。

このことは意外と忘れられたり、気づかれなかったりするものですが、じつは非常に重要です。

まず母性を必要なだけ与えること

保育園や幼稚園の先生方はよく知っていることですが、園でのルールを守るなど、子どもも社会での生活が、幼いなりに年齢相応にできている子どもたちの共通点は、朝晩送り迎えをする母親の様子が、母性的にやさしいことです。

そんな子どもは、園という子ども社会のなかでの行動もひどい逸脱をすることなく、子どもらしさのなかで、きちんとできるのですが、朝夕の母親の姿からやさしさを感じにくいとき、その子どもの園での行動はさまざまに逸脱しがちで、園でもしつけに手を焼くのが普通です。

つまり、母性性が豊かに与えられていない子どもには、園でも父性的な保育や教育ができず、母性的な保育からやり直しをしてやるくらいの気持ちで保育に当たらなくてはならないのです。

よく保育園は家庭の延長にあるといわれますが、どんなに幼くても、子どもには「子ども社会」という認識があります。ですから、家庭にいるときと同じ気持ちで行動や生活をする子どもはいません。

この認識は、年齢とともに、学校や社会に向かってもっていくもので、子どもにとっての父性性は、家庭内だけでなく、自分をとりまく環境にも広く存在する、といっていいかもしれません。

しかし、母性性はそうではないのです。過去、非行少年少女たちに数々向かいあってきましたが、少年や少女たちが育ってきた家庭に母性性が欠落しているということが、私には決定的に思われます。厳しい父親がいる家庭に非行少年や少女が生まれ育ってきたという事例は、本当に数多く目にしてきました。

母性のあとに父性

母性性と父性性を、両親のどちらがどの程度、担いあって、子どもや家族に働きかければいいのかについては、一律に断定的に言うべきではないでしょう。

そして、それぞれの程度についても、簡単に言及できないと思います。

しかし、その両者のバランスや程度はともかく、順序に関しては、断定的に言えると思います。

どんなことがあっても、そして、子どもの年齢が何歳であっても、乳幼児から少年、思春期の若者まで、必要ならば必要なだけ、まず母性性を充分に与えること、そしてそのあと順次、徐々に並行して父性性が機能していく、そんな育て方をすることが何より重要です。それが子どもたちの社会性の発達や人格の成長に、決定的に影響するからです。

「元気のもと」を育《はぐく》む

——元気のない子どもに親がしてやれること——

親から満足され、愛されているという実感と
自分が親に喜びを与えているという実感が、
子どもに元気を与えます。

ありのままの子どもに満足する

子どもが日々の生活を意欲的に生き、元気に成長していくために、親はどんなことを意識して子育てにとりくめばよいでしょうか。親が抱える困難と、それを乗りこえ子育てを楽しむことの大切さについて、お話ししたいと思います。

子どもの心に育《はぐく》みたい「元気のもと」の一つ目は、「親から満足され、愛されている」という実感です。

どんな子どもにも、親から見て、不足に感じるところや直してやりたいところ、弱点や欠点があるでしょう。しかし、そこに多くの関心を向けることは、子どもに劣等的な意識を抱かせます。一方、どんな子どもにも、感心するところや、弱点や欠点に見あった長所が必ずあります。親が価値観や好みを狭くしていると「あれがよくない、これができない」と、欠点や弱点ばかりが目に入るのです。

まず親が子どものよい面を見つけて、そのことに喜びを抱きながら、日々の生活を送るという意識を失わないように心がけなければなりません。親は、子どものありのままの姿を肯定的に受けとめ、歓迎しましょう。そうして初めて、子どもは親から充分に愛されていると感じ、自分の性格や能力に肯定的な実感を抱けるようになっていくのです。

子どもの欠点や弱点を見いだして修正する養育や教育は、あくまでそのあとのことです。この順序を誤ると、子どもへの愛情が伝わりにくく、養育や教育の成果もあがっていかないということを、よく知っていただきたいと思います。

どんな子どもに対しても、その子どものもって生まれた個性や能力に満足し、日々肯定的な態度で接しながら愛情を伝え続けることができる親や教師が、優れた養育者や教育者だといえるのです。

子どもにかぎらず、人間の元気や意欲は、自分のありのままの姿が親をはじめとする周囲の人たちから受容、承認され、「私はこのままでいいのだ」という安心感や自信をもつことで、心の底からわいてくるものなのです。

子どもから喜びを受けとる

子どもの心に育《はぐく》みたい「元気のもと」の二つ目は、「自分が喜びを与えている」という実感です。

子どもは、自分が好きなことを、親も好きになってくれることを非常に喜びます。子どもが好むことを親が喜んで一緒にすることは、子どもの心に大きな喜びと自信をもたらすのです。

たとえば、子どもの好きな絵本を一緒に見たり、積み木を一緒に積んでは倒し、倒しては積む遊びをしたりして、楽しむこと。抱っこをしたり、ベビーカーに乗せたりして、好天のもと散歩や外遊びを一緒に楽しむことです。

日々の生活のなかで、子どもと一緒に喜び楽しむことを、親自身の喜びにするのです。そういう習慣を身につけて、親の喜びを大きくできればできるほど、子どもも日々の生活の喜びや楽しみを大きくできます。

このことは、親子関係にとどまらず、夫婦、友人など、あらゆる関係に当てはまります。人間は誰もが、相手に喜びを与えることに大きな喜びを感じます。そして、喜ぶ相手の姿から元気や意欲をもらうのです。親は、子どもから喜びを受けとる最初の人なのです。

ですから親や周囲の大人たちは、子どもが意欲的にとりくめる活動を、上手に整えてやることが大切です。遊びでも手伝いでも、子どもが好んでやりたがるようなことは、多少の足手まといになっても、一緒にやるようにしてください。あたかも子どもに手を借りるかのように声をかけて、食事やおやつの用意をさせてもいいのです。

ときとして親は、子どもの将来を豊かなものにしてやりたいという愛情のつもりで、子どもに苦労や努力を強制しすぎてしまうことがあります。しかし、子どもの喜びよりも親の喜びの方が優先されることは、子どもにとっては、現状に満足されず拒否されているのと同じことです。子どもの喜びを無視して、親の喜びを念頭に置くことは、絶対に避けなければなりません。

私が臨床医を半世紀近く続けてきて、もっとも不幸だと感じているのは、親が自分の幸福を子どもの将来に重ねあわせ、子どもの喜びが犠牲になってしまった例です。ある年齢まで勉強や稽古事《けいこごと》がよくできたのに、不登校になってしまった少年や青年の生育歴にとてもよく見かけるように思います。犠牲になりがちなのは、潜在、顕在を問わず、能力が高い子どもです。

困難を淡々と受けいれる

子育てでもっとも大切なことは、親は、子どもの喜びのために必要な困難を、日々できるだけ淡々と受けいれることです。保護者の意義とは、本来そういうものなのです。そういう親に恵まれることは、子どもにとってどれほど大きな安らぎでしょうか。「どんなときも必ず助けてくれる」という安心があれば、子どもは元気に、自分で感じ考えたことを存分にやってみることができます。そして失敗しても、また新たに挑戦することを自分で決めて、伸び〱と楽しめるのです。

大げさな言い方をすれば、子どもの喜びのために、親が多少の犠牲になることを厭《いと》わないという気持ちでいることが、日々いたるところで大切です。この章の「元気のない子どもに親がしてやれること」という副題は、このことです。最初はちょっと難しく思えても、そうすることが子どもに元気を与えるのだとわかってくると、何でもなくなります。

何をどのようにしてやるのがよいのかは、親子の個性の組みあわせですから、日々の生活のなかでゆっくりと見いだしてあげてください。

「いい子」に育てないすすめ

――人を信じ、自分を信じる子どもに――

「人を信じ、自分を信じて」生きていくための基本的な感情が愛着です。

望んだままに愛されて、愛着感情は育ちます。

親が望む子ども、子どもが望む親

ナイトリッダー社（アメリカの新聞社）の支局長として長く東京に滞在し、国際的なジャーナリスト活動をしてきたマイケル・ジーレンジガーは、日本にだけ数多くのひきこもりの若者がいることに、大きな関心をもちました。彼は、報道部門の最高の栄誉であるピュリッツァー賞国際報道賞の最終選考に残った、優れた実績をもつ報道家です。

その彼が、入念で実証的な取材を繰りかえすうち気がついたことは、わが国の母子間に、本来あるはずの本音の会話がきわめて乏しい、ということでした。幼い子どもが、母親の顔色をうかがいながら話をしている情景が目立ったそうで、その取材の成果を『ひきこもりの国』（光文社刊）という単行本にまとめました。その本によれば、諸外国の子どもたちは、もっと自分の思った通りに安心して母親と会話をしているというのです。

たしかに私たち日本人は、近年、幼いときからわが子を、親自身が望んでいる「いい子」に育てようとする気持ちが強くなっています。子どもに対する「愛情」より、親の自己愛を大きくして子育てをしているのです。

自己愛をもたない人はいません。問題は、子育てにかぎらずあらゆる生活の場面を、相手に対する愛の気持ちよりも、自分に向ける自己中心的な許しや愛の気持ちを肥大させて過ごしているということです。そのため、相手の気持ちに意を用いることができにくくなり、自分の感情中心に生きていく日々を選択した私たちは、いつのまにか世界でもっとも孤立した生き方をしています。

この自己愛の偏重と孤立の結果がもたらす子育てこそ、子どもが望む「いい親」になるのではなく、親が望む「いい子」にさせてしまう生き方なのです。

「いい子」の不幸なところ

わが子を「いい子」にしすぎてしまう場合、親は自分の思いどおりに過度に褒《ほ》めたり叱《しか》ったりしています。

子どもらしく生き〳〵した姿で日々暮らしていることを感じとる力をもてないまま、自分の思いどおりに聞き分けのよい子に育っていることで、親は安心を感じ満足しています し、子どもは子どもで、叱《しか》られて傷つくことがこわくて、親の評価に過敏になり、自分の意思や意欲、想像力などの個性的な力をどんどん失っていきます。そうして自分でものを考える習慣をなくして、何事にも創意工夫する力のない子どもに育ってしまいがちです。

幼稚園や小学校で目立つのは、漢字の書き取りや算数の計算問題のような、答えが決まっている課題はよくできるのに、作文を書いたり、クラス会で意見を言ったりするような、自分を表現する場面になると沈黙がちの子どもの姿です。「自分」がないのです。

そんな子は、友だちと自由に交わることも概して下手で、休み時間を一人で過ごしたり、本を読んでいたりします。不登校になった生徒のなかには、そんな「いい子」をよく見かけますし、思春期や青年期の「ひきこもり」の若者にも、「いい子」であった子ども時代を過ごしてきた人が少なくありません。

「いい子」がもつもう一つの不幸なことは、いじめにあいやすいことです。いじめられる子に何の非もありませんが、「いい子」には品行方正の面があるので、一対一の関係では一目置かれる雰囲気があっていじめられないかわり、集団になったわるの子どもたちから、いじめの対象にされやすいというのも、また事実なのです。

「いい子」は自分の判断で、その場その場に臨機応変に適応していくのが下手ですから、いじめの感情をもっている子どもたちの標的にされやすい、このことは教育者もよく心得ておかねばならない問題です。

愛着……人を信じ、自分を信じて

親と子の関係は、自分が望むような子どもに育てたいという親の気持ちと、望むだけ愛情をくれる親がほしいという子どもの気持ちが、さまざまにぶつかりあう葛藤《かっとう》の連続です。

しかし、基本的なところで、親は教育者ではなく、保護者としての心得が豊かでなくてはなりません。

子どもは充分な保護のもとで、母親に対し、まず愛着感情を抱きます。そのとき、どれだけ無条件に近い愛情や保護を与えられるかが、人間性の基盤とされる愛着感情を育ててやれるかの重要なポイントとなります。

人間が「人を信じ、自分を信じて」生きていくための基本的な感情が愛着です。子どもが母親に抱く愛着感情は、母親の顔色をうかがいながらふるまったり話したりしなくてはならない環境では、けっして身につきません。望んだまま愛され、本音でものが言えるように育てられて初めて、愛着の感情は子どもの心に豊かに育っていきます。

では、本音で親と話し、心から安心して親を信じて日々を生きていく子どもに育てるには、いったいどのような気遣《づか》いが必要なのでしょうか。

子どもが悪いことや危険なことをしているとき、どのように注意すればいいのか考えてみましょう。大切なのは、子どもの自尊心を傷つけることがないように、悪いことは悪い、いけないことはいけないと、諭すことを心がけることです。子どもの存在そのものを否定したり、頭から叱《しか》りとばしたりしてはいけません。

反対に、親が望んでいることをしているときにも、大げさではなく、穏やかに励ますように褒《ほ》めてやりましょう。

何よりも、「親が望む子ども」に育てるのではなく、「子どもが望んでいる親」になるという気持ちを忘れないこと。そして、成果を急がず、ゆっくりと育ててやりたいものです。親が自慢したいような子どもに育てることこそ、じつは子どもの心をもっとも傷つけている子育てなのです。

感動と意欲の源泉
――根拠のない自信を育てる大切さ――

全面的に受容される時期があればあるほど、
人間は安心して自立できる動物です。
ありのままの自分を承認されることが自信になります。

基本的信頼感

子どもを育てるときにもっとも大切なことは、子どもの心の内に、生きていくために必要な「根拠のない自信」をたっぷりと作ってあげることです。

根拠のない自信とは、人が人として生きていくための根っこ、言葉をかえると「基本的信頼感（ベーシック・トラスト）」のことです。信じることができる人をもってこそ、人は自分を信じて生きていくことができます。そして、人を信頼する感性や感覚がもっとも育つのは乳幼児期なのです。

というのも、自分でしたいことを自分でできないとき、誰かにそれをやってもらうと、その相手を信じる力が本当に育つからです。つまり、乳幼児がお母さんやお父さんに対しておこなう、こうしてほしい、ああしてほしいという訴えを、可能なかぎり要求どおり聞きいれてあげることで、人を信じる力がしっかり身につき、豊かに人を信頼し、自分を信じていける子になるのです。

乳児期、あるいは幼児期の早期までは、子どもの要求を一つも無視しないで、全部その通りにしてあげればいい、というくらいの気持ちをもっていればいいのではないでしょうか。

最初に信じる母親

青少年のひきこもりやニートは、日本特有といわれる深刻な現象です。人との関わりに喜びを感じるどころか恐れを抱くその大本《おおもと》は、乳幼児のときに根拠のない自信をあまりもたせてもらえなかったところにあるのかもしれません。

ＯＥＣＤ（経済協力開発機構）は、参加国のなかで日本人が突出して、孤立して生きているという、二〇〇五年の調査結果を公表しました。日々の生活のなかで、地域社会はもとより学校や職場などで、周囲の人々と親しく共感しあって生きていく力を失ってしまったのかもしれません。

人間関係に喜びを感じる心は、生まれた直後から母親や養育者によって育てられる、たいへん人間的な感情です。それはまず人を信じるところからはじまる心の動きであり、多くの子どもや人間にとって、最初に信じ、基本的信頼感を育ててくれるための主役は、一部の例外を除けばお母さんでしょう。

しかし、母親一人で主役を演じきれるものではありません。子どもの父親や祖父母、地域社会の人々や子育て支援の人たちなど、優れた助演者や共演者に恵まれることが大切なのです。

意欲と感動をもって日々を生きる

根拠のない自信を育てられている子どもは、周囲の人の目には、その子がなぜあのように生き〱と生きているのか、一見、理解しにくいことがあります。多くの事柄に自信や希望にあふれた行動をとるからです。失敗を恐れず、失敗にめげないで、意欲と感動をもって日々生きていることが、目につくからです。

なぜなのかは、「根拠のある自信」について考えてみると理解しやすいでしょう。根拠のある自信とは、勉強や稽古事《けいこごと》やスポーツが得意でよくできる、という類の自信です。ほかとくらべることができる自信です。

それはそれで素晴らしいことに違いありませんが、近年目立つ問題は、そんな根拠のある自信ばかりを育てられてきた子どもが、自分よりもっと優れてよくできる相手に出会うと、簡単に劣等感を覚えてしまいがちだということです。そしてさらに不幸なことには、自分より何かが劣っているように見える相手を見つけると、たちまち優越感をもってしまいます。この歪《ゆが》んだ優越感情こそ、今学校で深刻化しているいじめ問題の背景をなすものなのです。

無条件に子どもを愛する

私たちは今、すべての子どもたちに、可能なかぎりたくさんの根拠のない自信を育ててやりたいと思います。それはできるだけ早く、幼少期から無条件に子どもを愛することで可能になります。

乳児が自分の希望を伝えるために自分でできる努力は「泣くこと」だけです。その伝えた希望が望んだ通りにかなえられればかなえられるほど相手を信じ、その相手を通して多くの人を信じるし、何より自分を信じることができます。それは同時に、自分で希望をもち、努力すれば、それらの多くは実現するのだと、子どもに教えることにもなるのです。自分を信じられる人間は、絶対に怠け者になりません。気力や意欲がでるのは、自分に対するひそかな誇りや自信に支えられてのことなのですから。

そして、これは難しいことではありません。親や養育者は、乳幼児の要求を、無条件に、できるかぎりかなえてあげればいいのです。

親は手のかからない子、あまり要求をしない子がいい子と思ってしまいますが、それはその親にとって育てやすかったというだけで、「いい子」だったわけではありません。また、よく泣いて手をかけさせる赤ちゃんのことを、育てにくい子などと思ってもいけません。これはとても大事なことで、本当のいい子とは、親にうんと手をかけさせた子どもなのです。子どもにかけた多くの手が、その子の内に「根拠のない自信」を育《はぐく》み、母親やまわりを信頼し、自分自身を信じる子どもになる原動力になるからです。

人間はどこかで全面的に受容される時期があればあるほど、安心して自立できる動物です。自分が全面的に受容されるのはありのままの自分を承認されることで、それは子どもにとって、このままで私はいいのだという安心感、つまり自信になります。

人生のできるだけ早い時期にこの安心感、生きていくための自信を与えられることが大事なのです。

子どもと生活リズム

――心身の健康の基盤――

食べる、眠る、遊ぶという三つの要素が、
生活リズムとして定着すれば、
子どもは健康で幸福な日々を送れます。

リズムの三要素

私たち人間はもちろんのこと、動物も草花も、生きとし生けるものはすべて、それぞれの生活リズムのなかで生きています。生きるということは、リズムをとるということだといっても、過言ではありません。

健康な人は、日々の生活を過ごしやすくする習慣やリズムをもっています。もちろん、職場の事情で夜勤があったりと、時間の不規則な仕事をこなしながら日々を送っているような人もいるでしょう。そうした人が健康でいるためには、リズムを保つための多くの工夫や努力が必要だと思います。

健康な生活のリズムを構成する要素は、食事と睡眠、日中の活動です。育児においても、この三要素によってリズムを作ることが非常に大切です。

食べることに喜びを感じる

食事については、栄養を考えて作り、与える、というのは当然のことです。とはいえ私は栄養学の専門家ではありませんし、この章では心の健康という視点から書きたいと思っています。

子どもにかぎらず、私たち人間にとってもっとも大きな喜びの一つは、おいしいものを食べるということでしょう。私たちは日々の営みのなかばかりでなく、慶弔時のように、大きな喜びや深い悲しみに身を置いたとき、心をこめて食事を用意します。喜びをより大きくするために、また深い悲しみを癒やすために、おいしいものを大切な人とともにいただくのです。

このように、食事は単に生きるための栄養をとるばかりでなく、一緒に食べている人と、心のつながりを豊かにするという、人間的に大きな意味があることを忘れないでください。贅沢《ぜいたく》な食事をするということではなく、食卓をみんなで囲み、会話をすることに意味があります。心のつながりを豊かにするためにも、ぜひとも食事を、生活リズムの柱の一本と位置づけてください。

規則的な眠りと目覚め

食事と同じように睡眠も、人間の活動の原動力ですし、生活リズムの大切な構成要素です。ですから夜は何時にベッドに入り、朝は何時にベッドから起きあがるかという毎日の規則的な習慣は、子どもの心身の健全な発育のために非常に重要なことです。

幼少期や児童期の発育盛りの脳や身体は、リズムをもって活動し、成長していくのです。日々の習慣や生活リズムの重要性は、青少年や大人になってからのそれとは大違いなのです。そのため、子どもにとって規則的な睡眠がどれほど大切なことなのか、それはたとえようもないほどです。

しかし、親たちが楽しそうにテレビを見ているような雰囲気のなかでは、子どもがなかなかベッドに行きたがらないということが起こりがちで、安らかな入眠を妨げることがあります。

そんなときは、親も一緒にベッドに入り、絵本の読み聞かせをするなど、子どもが早く眠りにつけるように手伝ってあげましょう。

リズムがはっきりしている習慣的な睡眠は、子どもが幼いときであればあるほど定着します。眠りにつく時間が早ければ、当然、翌朝のよい目覚めにもつながります。

よい睡眠のリズムはあらゆる生活行動につながり、目覚めている日中の活動に生き生きとした力を与えてくれます。

このように日々の健康な生活リズムは、規則正しい睡眠によってもたらされるといっても過言ではありません。「寝る子は育つ」という古くからの格言は、どの時代の親たちでも実感し、確認してきたことなのでしょう。

遊びを生活に組みこむ

子どもにとって、健康な生活リズムを構成するうえで、不可欠な要素としては「遊び」の活動があります。

すでに述べたように、食事と睡眠は、毎日の生活を習慣的に、またリズミカルにするために、リズムの柱にしやすいものです。そして、それ以外の多くの時間を、どのように生活リズムに組みこむかを考え、子どもに無理のないよう心がけながら、日々の生活に寄り添ってやるのがいいのです。

人間にかぎらず、ほぼあらゆる生命体は、規則正しい活動や習慣を繰りかえすことで、健康を保つことができるのです。幼い子どもにとって、食事と睡眠以外の規則正しい活動といえば、なんといっても遊びです。しかも、一日のうちで遊びの占める時間が圧倒的に多いのです。

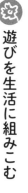

遊びと食事と睡眠を組みあわせ、一日の多くの時間を「リズミカル」に作っていく、そうなればなるほど、子どもにとっては健全で理想的です。

子どもは幼いときほど、自分一人か母親と二人きりで、あまり動的ではない、静かな遊びをするものです。そして成長するにしたがい、友だちや、保育園、幼稚園の先生など、家族以外の人と動的な遊びをするようになるのです。

目を輝かせてとりくめる日々の遊びは、子どもに健全な心をもたらしてくれます。楽しく意欲的にとりくめる遊びは、子どもにとって不可欠なものです。

子どもの人間的な想像力や創造性は、それぞれの年齢にふさわしい「遊び」によって育《はぐく》まれ、そして成熟していくのです。遊びは、健康な生活リズムの基盤を作るだけでなく、心身の成長をもたらしてくれるのです。

子どもらしく健全な生活を送るために、お母さんとお父さんが協力し、家庭ではできるかぎり、一日の自然な流れを作ってあげてください。

そして、食べる、眠る、遊ぶという三つの要素が、生活のなかでリズムとして定着すれば、子どもは健康で幸福な日々を送ることができるのです。

一緒に食卓を囲む
——人間性の基盤を育てるために——

幼少期の子どもにとって、食卓を囲む家族の団欒《だんらん》は、喜びや悲しみを分かちあうという人間性の基盤を培ういちばんの機会です。

二つの欲求

子どもたちにとって、食事がもつ意味あいは、ほかにたとえようもなく大きなものがあります。

人間が健康に生きて成熟していくためには、二つの根源的な欲求があります。一つが食べることへの欲求で、もう一つが人間関係を求める欲求です。ですから、養育者や教育者がもっとも心をこめて気遣《づか》う必要があるのは、食事と人間関係の構築です。

現在のアメリカで、乳幼児精神医学の研究と臨床活動で、もっとも精力的に働いている医学者の一人に、ブルース・D・ペリーという人がいます。彼は言いました。泣いている赤ちゃんの要求に何千回となく応えることが、その子が将来、「人間との関わり」に喜びを感じるための、健全な能力を得る助けになる、と。

長い歳月にわたって、優れた研究と臨床を積み重ねてきた医学者は、本能的な欲求である人間関係を求める基盤が、赤ちゃん時代の育てられ方にあることを確認しているのです。そして、食に関する本能的欲求の意味は、人間性の基盤を考えたとき、さらに重要になります。

食卓と歓談

食事の意味や意義を考えるとき、それはおいしいものを腹いっぱい食べればいいという、単純なものでないことは言うまでもありません。

私たちは何か祝い事があるとき、ほぼ確実にテーブルを囲みます。家族や友人、親しい人々と一緒に食事をしながら歓談することは、誰にとっても大きな喜びなのです。喜びのときばかりではありません。大切な家族や友人を亡くした悲しみのときも、通夜や告別式のあとに食卓を囲み、癒やしを分かちあいます。

この喜びや悲しみの分かちあいは、もっとも人間的な感情の交換であり、人間性そのものの交流です。人間が、人間としての機能を高めていくための必須《ひっす》の要件であるコミュニケーションしあう力は、こうした食卓での分かちあいのように、人と人が互いにたしかめあいながら、発達し、成熟させていくものなのです。

給食の孤食

過日、北関東のある町で、給食の時間に仲間はずれにされ、一人で食事をしなければならない「いじめ」にあった小学生が自殺をしたという、痛ましい事件がありました。それを聞いて、食事の時間に仲間はずれにするという、これ以上ない底意地の悪いいじめを、クラスメートに平気でするほど、現代の小学生は人間性が育てられていないことに、私は恐れおののくばかりでした。

意地の悪い児童がそんなことを言いだしても、反対し、逆にしないように説得する児童がいないような学級は、もはや教育の場ではありません。

問題が起きたのは学校の教室ですが、私は学校や教師の責任以上に、児童一人ひとりの家庭の責任を、より大きく、深刻に感じます。家庭の食卓は今、いったいどんなものになっているのでしょう。心をこめて食事が用意され、心が通いあう会話や団欒《だんらん》が日常的に繰りかえされている家庭で、児童たちは育てられているのでしょうか。

ご飯だよ！

家庭のなかで、子どもが日常的にもっとも大きな喜びを感じる場や機会は、言うまでもなく食事のときです。

高価な食材や贅沢《ぜいたく》なものを食べるのがいいのではありません。質素なら質素なりに、心の遣《つか》い方があるはずです。食卓にたくさんの料理を並べるためにお金や時間をかけることより、一つ一つの料理に心をかけることの大切さを、私は強調したいと思います。

育ち盛りの子どもは、大人にくらべて、肉体的な空腹感を大きく感じています。だから、お母さんの「ご飯だよ!」という呼び声を、どれほど待ちわびながら生活していたか、多くの人々が懐かしく覚えていることでしょう。そして、そのとき食卓に並んでいた料理の味や香りの記憶とともに、母親が自分の好きなものを特に用意してくれたという記憶も、すぐに甦ってきます。

食卓で、おしゃべりが弾んだ思い出も、誰にもあることでしょう。楽しい会話ばかりとはかぎりません。悲しい話題もあったし、叱《しか》られたこともありました。

しかし、家庭のなかで、いちばん会話が弾んでいたのが、食卓を囲んだときだったというのは、間違いのない事実です。子どもが幼少期であればあるほど、いちばんたくさん話をするのは、食事のときです。おいしい料理を食べながら両親と楽しいおしゃべりをかわすのは、特に幼少期の子どもにとって、非常に精神保健のいい状態の体験です。

教育の基盤や基本が家庭のなかで培われるのだとしたら、そのいちばんの機会は食事のときの団欒《だんらん》にあると強調したいと思います。

家族の絆《きずな》

以前、ＮＨＫの「無縁社会」という番組で、ある大学を取材したら、昼食を仲間とではなく、たった一人で食べている学生が三分の一もいたという事実を、驚きをもって報じていました。他者と楽しく心を通わせあうことができなくなった人間が、こんなに数多くなってしまったことに、改めて大きな不安を感じます。

これも少し前のことですが、ある新聞の投書欄に、高校生の子どもをもつ母親が、こんな投稿を寄せていました。近ごろめっきり口数の少なくなった息子が、夕刻になるといつも「今夜の夕食、何？」と、携帯電話をかけてくるようになり、その電話に励まされるように、毎日の食事を作っているのだそうです。そんな様子を生き〳〵と書いた投稿を、私は心温まるいい話だと感じながら読みました。

これが現代の、家族の絆《きずな》なのでしょうか。

絵本を読み聞かせる

―一体感を味わう幸福―

絵本を読み聞かせるもっとも大切な意味は、親子が一緒に絵本の世界にひたる「一心同体」の世界で、喜びを分かちあう体験にあります。

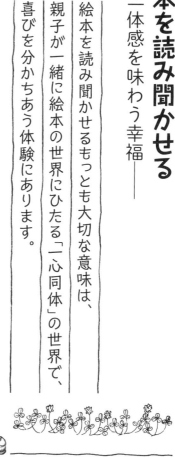

心の発達に必要なこと

子どもの「心」を育てるために、親としてもっとも大切な日々の営みは、「食事」への気遣《づか》いと、そのときの家族の団欒《だんらん》です。

今、学校でのいじめが年々深刻になり、思春期に向かって万引きなどの非行が増加の一途をたどるなど、子どもたちの育ちの劣化が止まらないことに、私たちはどれだけ真剣に向きあおうとしているのでしょうか。

子どもの教育の第一歩が、家庭における教育だということは疑いないことなのに、そのことからどうしてこんなに目をそむけていられるのでしょうか。

日々の食事の用意に、お金や時間ではなく、心を遣《つか》うことが、どれほど子どもや家庭の精神保健に大切なことか、その心遣《づか》いだけで子どもは健全に育つのですと伝え続けておよそ半世紀になります。そしてもう一つ、子どもの「心」の健全な発達のために大切なこと、それは、誰でもいいのですが、相手と「喜びを分かちあう」経験です。

喜びの共有と情緒発達

二〇世紀に活躍したフランスの発達心理学者アンリ・ワロンは、優れた研究観察の結果、乳児がすでに四、五カ月ごろから、自分に喜びを与えてくれる養育者（母親）が、その行為を、喜びを感じながらおこなってほしいと望んでいることを、明らかにしました。

子どもは、乳児期から、母親と一緒に喜びあいたいのです。自分一人で喜んでいることなど、本当の喜びではなく、相手（他者）と一緒に喜びを分かちあってこそ、初めて本当の人間的な喜びになることを、本能的に実感している。そのことをワロンは、乳児を精密に観察することで発見しました。

さらに彼は、喜びを分かちあう経験のなかで、子どもは他者とコミュニケーションをとる力を身につけ、人間的な情緒発達の基盤が育てられることも知りました。

一心同体の経験

幼い子どもに、優れた絵本を読み聞かせるもっとも大切な意味は、この、喜びを分かちあう体験にあります。

母親が、自分の膝《ひざ》に幼い子どもを前向きに座らせ、子どもの背中が自分の胸と触れあうように両腕に抱えこんで、両手にもった絵本を子どもの目の前に広げて、読み聞かせははじまります。

絵本を読んでやっているときは、子どものためというよりも、母親自身が絵本の世界に入りこんでしまうことが、子どもに、より大きな感動を与えるでしょう。一緒に絵本の世界にひたるのです。そんな「一心同体」の世界で、子どもは母親の声で絵本の文章を聞き、母親の指先で教えられるように絵本の絵を見ていきます。

半世紀近くの長い歳月、児童精神保健や精神医学の臨床の仕事を続けている私が深く思うのは、人生の早期に母親や家族と、このような一心同体的な体験をもてなかった子どもたちが、そのあとの人生にどれほど負の結果を経験することになるか、ということです。

そういう子どもたちは、児童期、思春期、青年期を通じて、本当の親友がなかなかできません。安心して心を通わせあう友だちができないのです。

言葉とイメージと考える力

人間は必ず言葉をもっているといわれます。文字をもっていなくても、話し言葉は必ずもっています。

言葉は文化そのものです。そして、イメージをもっています。その言葉とイメージによって、私たちは物事を考える力、すなわち生きる力を与えられます。子どもにとって絵本は、その言葉とイメージを、もっとも豊かに育《はぐく》んでくれるものです。

まだ文字になじむ前から、読み聞かせられた言葉やイメージとしての絵が、成長したとき、具体的な実体験としての記憶に残っていないように思われるかもしれません。しかし、そうではありません。人間的な人格の基本要素として、それらがどれだけしっかりと心の奥深くに根づいているものかを、近年の乳幼児心理学や精神医学の研究者たちは明確に解き明かしてきました。

たとえば生後六カ月から二歳くらいの乳幼児が、はいはいやよちよち歩きで動きまわりながら、ふと不安になって振りかえったとき、いつも自分を見守ってくれていたはずの母親や養育者がいなかったことが、その子が成長したときに人格障害を起こしたり、非行や犯罪に走りやすくなる重要な要因だったりするのです。

言葉と絵の世界を分かちあう

私たちは本来、相手と喜びや悲しみを分かちあうことを求めて生きる存在です。ですから、誰か相手に喜びを与えていることが、自分にとっても喜びであるように、自分の悲しみを共有してくれる人に恵まれることを、大きな幸せと感じます。

それなのに、私たちは今、知らず知らずのうちに、自分の喜びにしか関心を示さない利己的な傾向を強めながら生きています。しかも、そのことを忘れがちです。

こんな時代ですから、幼い子どもを自分の胸の内にしっかりと抱き、言葉と絵の世界を共有しあう一心同体の時間を、もっともっととりもどしたいと思います。

そして、子どもの目や表情が生き〳〵と輝いて、胸の鼓動が高鳴ることに、読み手の私たちも感動や喜びを感じたいと思います。

それは、何より子どもたちに、将来、誰とでも喜びや悲しみを分かちあえる人格を育ててやりたいからです。思いだすのは、以前みた「喜びも悲しみも幾歳月」という映画です。灯台守の主人公は、妻にこう言うのです。

「誰も知っててくれなくたっていいじゃないか。俺の苦労はお前が知っている。お前の苦労は俺が知っているよ」

そんな夫婦愛を描いた、感動的な映画でした。

思いやりは身近な人とともに育つ

——共感する気持ちを基礎に——

子どもに喜びを与える機会を大切にしながら、親自身も喜びを感じることを大切にしていれば、自然に悲しみを分かちあえるようになります。

悲しみを分かちあえる心

思いやりという感情の基盤は、相手に対する共感的な感情です。そうした感情を育《はぐく》むには、幼いころから、親や家族に思いやられながら育つことが不可欠な前提です。

思いやられるということは、喜びを与えられることです。幼い子ども時代は特に、単純に喜ばせてもらう機会や時間の多いことが大切です。

一九世紀から二〇世紀にかけて活躍したフランスの発達心理学者アンリ・ワロンは、子どもは乳幼児の後半に入るにつれ、母親が自分に喜びを与えてくれることを強く求めると同時に、母親自身も喜びを感じてほしいという、より高度な感情を抱き続けることを観察しました。

子どもは、母親と喜びを分かちあいたいのです。相手と一緒に喜びあうことが、より深い喜びになること、このような経験が豊かになるにつれ、相手と悲しみを分かちあうことができる感情が、そのあと徐々に芽生えてくること、そして、喜びと悲しみを共有することで、初めて人間的なコミュニケーションが成り立つのだということを、ワロンは実証的に観察したのです。この、相手と悲しみを分かちあうことのできる心こそ、思いやりそのものです。その心は、相手と喜びを分かちあう経験が充分にあってこそ生まれ、育っていくのです。

育児に喜びを

このことを母親側から見ると、自分でも喜びを実感しながら、日々子どもにふれ、世話をし、育児をする、ということになります。

私にも、父親として三人の子どもを育ててきた経験があります。それは喜び以外の何ものでもなかった経験でした。

仕事を終えて帰宅するときはいつも、もうすぐ子どもたちに会えるんだという喜び、嬉しさを感じていました。家にいるときはいつも子どものそばにいました。三人の男の子たちの誰かしらが、私の膝《ひざ》にいたものです。

仕事を家に持ち帰ることもありましたが、子どもたちが寝つくまで、原則として仕事机には向かいませんでした。子どもと一緒にいること、同じ時間を過ごすことが幸せで、子どもたちの成長とともに、「膝《ひざ》が寂しくなる」ことを、たしかに実感しました。

子どもたちはもう三十代の後半です。思いやりのある人間に育ったかどうかわかりませんが、母親である妻は言います。どの子も頼みごとがあれば、必ず駆けつけて助けてくれる、と。いやだと言われたことが一度もないというのが、彼女のひそかな安らぎであり、誇りのようです。

子どもに喜びを

育児をしている親自身が喜びを感じながら、子どもに喜びを与えるというのは、実際にはどういうことでしょうか。

まず子どもが喜ぶことを何でも知っておかなくてはいけないでしょう。そして、そのうちのどんなことに、自分も喜びを感じながら行動できるかを、自然に無理なく見いだして、実行すればいいのです。親自身も喜ぶことができる活動なら、困難や苦痛があるはずありません。

入浴時に一緒に水遊びをしてもいいし、ブロック遊びに興じてもいいと思います。絵本などの読み聞かせは最善ともいえる時間の過ごし方です。子どもが喜ぶ本を読んで聞かせ、そのことに読み手である親たちが喜びを感じられれば、最高の育児の行為です。

食事やおやつの時間も、毎日の繰りかえしができますし、素晴らしい時間になります。高級な食材を用いたり、贅沢《ぜいたく》したりすることではありません。子どもが心から「おいしい！」と言って喜ぶ食事の用意を心がけることが大切です。それも毎食でなくてかまいません。折にふれて、できるだけ数多く、ということで充分で、要はそんな食事を用意し、食卓を囲むことに、親たちが喜びを感じられること、そして、「おいしいねえ」と、互いに笑顔を交換することが大切なのです。

おやつや食事を子どもたちがおいしそうに食べる様子や、絵本を読んで聞かせたときの子どもたちの目の輝きの強さに、母親が心から喜びを感じることができればいいのです。

子どもの悲しみに

子どもに喜びを与える機会を大切にしながら、親の方でも喜びを感じることを大切にしていれば、子どもたちはごく自然に、相手と悲しみを分かちあうことができるようになっていくというのは、ワロンが優れた研究のなかで指摘した重要なポイントです。思いやりの心は、そのようにして育つのだと教えてくれているのですが、子どもたちが悲しみを感じているときには、どのように接してやるのがいいのでしょうか。

いたずらをしたり、聞き分けが悪かったりして、親に叱《しか》られ、悲しまなければならないこともあるでしょう。

そんなときの、親としてもっとも大切な心がけは、子どもの自尊心を傷つけないように、できるだけ気遣《づか》いをすることです。

悪いことをしたから叱《しか》られたわけで、叱《しか》られたのは悪い行為であって、その子自身ではないということを、親は、はっきり認識しておく必要があるでしょう。あなたという人間そのものが悪いのだという叱《しか》り方を、けっしてしないこと、叱《しか》ったあとも、悪いことをしなければ、あなたは悪い子ではないのだという接し方を心がけることが重要です。

祖父母が同居しているときには、そういう役目をごく自然に、上手に務めてくれます。親に叱《しか》られたあと、祖父母に慰められ、結果として上手にしつけられることは、本当によくあることです。祖父母ばかりか、親しい近隣の人々と、互いにそういう役割を担いあえれば、もっと子どもを育てやすくなることでしょう。

子どもと友だち

——多くのなかよしの友だちを——

学童期に友だちと学びあう経験によって、感情の基盤は成熟し、思春期に友だちと共感し、認めあうことで、社会性は成熟します。

人の間で生きる喜び

「人間」はその文字が示すように、互いに支えあいながら人の間で生きていきます。だから、人間関係そのものが人生だともいえるのです。もちろん、たくさんの人との交わりを求める人、必ずしも大勢を求めない人、むしろ少ない人との密接な関係を求める人、さまざまな人がいます。しかしどんな人でも、人は他者との関係を通して自分の存在を実感できるのですから、人との親しい交わりを失って生きるのは辛《つら》く悲しいものです。生き〱と輝いて生きているように見える人や、一人を楽しんで過ごせる人は、それだけ人との交わりに喜びを感じている人といえましょう。

今回は、人との交わりに喜びを感じる力を子どもに育《はぐく》むために、大切なことをお伝えしたいと思います。

安心感を育てる幼児期

保育園や幼稚園、公園で見ていると、遊んでいる子どもたちの輪のなかに、なかなか入っていくことのできない子どもがいます。お母さんはそんなわが子に対して、何か心の問題でもあるのだろうか……と不安に感じるでしょう。しかし多くの場合、心配はいりません。子どもは本来、安心できる人にしかおしゃべりできないものだからです。まず親や祖父母などの保護者に自分の意思や言うことをよく聞きいれてもらうことで、本当に安心してものが言えるようになり、そのあと、友だちや先生と話せるようになっていくのです。

ここで大切なのは、子どもの言うことを「聞くこと」と、「聞きいれること」とは、別だということです。子どもが話しかけてきたら、何でも頷《うなず》いて聞くよう心がけてください。もし子どもが親にとって都合の悪いことを言っても、それを頭ごなしに否定するような態度は、けっしてとってはいけません。できるだけ穏やかな表情や言葉遣《づか》いで、お母さんはそうは思わない、そういうことは好きではない、と丁寧《ていねい》に伝えましょう。

親、とりわけお母さんには、思ったことを素直に話しても大丈夫、叱《しか》られたり頭ごなしに否定されたりしない、という安心感が胸にあれば、「きっと友だちにも受けいれてもらえる」と、自分を信じて、人の輪に入っていけるのです。こうした親の態度は、そのあと、子どもが大きく成長していく過程でも非常に大切です。

友だちと学びあう学童期

心理学や精神分析学の領域で、人間が成長していく過程を詳細に研究したエリク・H・エリクソンという人がいます。彼は、人間が勤勉に生きていくということは、「社会がもつ文化を社会の構成員同士で互いに分かちあうことに誇りを抱くこと」であり、その感情の基盤は、「学童期に友だちから学び、友だちに教えるという経験によって成熟する」といいました。

親や先生、そのほかの大人から学ぶだけではなく、それ以上に、友だちと学びあうことが重要であると指摘したのです。そしてさらに重要なのは、どれだけたくさんのことを友だちから教えられ、教えることができるか、その量だというのです。

友だちとの遊びやおしゃべりを通して、知識や生活経験、感情を数多く共有することで、友だちやまわりの人、ひいては社会からの期待に対して、自発的、習慣的に活動できるようになっていくのです。

友だちと学びあうことは、かつて子どもが地域社会で遊んでいた時代には、難しいことではありませんでした。放課後や休日、地域で生き〳〵と遊ぶ子どもはよく見られましたし、そこには誰もが参加できたのです。リーダーとなる、がき大将と呼ばれるような子がいて、子どもは自然に居場所を得て、遊び仲間になりました。そしてそんな時代には、ひきこもりというような、思春期や青年期、それ以降になって社会的に活動できなくなる例は、ほとんどありませんでした。

しかし現代の子どもにとって、友だちと学びあう機会を得ることは容易ではないでしょう。私たち大人は、子どもが友だちと活動する場所や時間を、本当に大切に考えてやらねばなりません。大人に学ぶことからだけでは、子どもが心から、友だちに伝えたいこと、教えたい気持ちはわきでてきません。友だちと共有する時間のなかに、子どもの心を動かすものがあるのです。

私たちは、子どもに、友だちの大切さを伝え続けなければなりません。

共感し認めあう思春期、青年期

学童期の子どもは、たくさんの友だちとの遊びを通して、徐々に楽しく交流できる相性のよい友だちを見つけていくものですが、思春期になりますと今度は、同じような興味や関心をもつ友だちを求めるようになっていきます。「価値観を共有しあえること」が、友だちの条件ともいえます。スポーツやそのほかの文化的な活動を通して互いの価値観について話しあい、相手の感想、評価、反応などを受けて、自分の内面を客観視するのです。そうして、自分を肯定的に評価してくれる友だちに巡りあい、共感し認めあうことで、社会性を成熟させていくのです。

私のところに相談や診療を求めてやってくる若者は、他者との交わりにさまざまな困難を抱えています。そのなかには、いわゆる学校の勉強ならよくできたという青少年が少なくなく、むしろ多いといってもよいほどです。学業が優秀であることが、単純に心を病んでしまいやすいことを意味するわけではありません。しかし、友だちとの交わる力を失うことにつながるような学習のしかたは、ぜひ避けたいところです。勉強がよくできるからといって、学校が楽しい場になるわけではありません。価値観を共にする友だちと交わることができるから、学校は楽しく、また大切な場なのです。

勉強と遊び

——まず遊びを、それから勉強を——

人を信じ、自分を信じる心は、
友だちとの遊びを充分に体験しながら育ちます。
余力を勉強にまわすのが健全な子どもの生き方です。

遊びの不足がもたらすこと

子どものころに充分に勉強をしたとはいえなくても、健全な社会人になって、立派に人生を全うしたといえる人は、数かぎりなくいます。

しかし子ども時代に、友だちと充分に遊ぶ経験をもたないまま大人になってしまって、健全な社会人になることができず、ひきこもりのようになって苦しんでいる人は、非常に多くいます。

これまでの診療や相談で、そういう人やその御家族にどれほど出会ってきたのかは、とても一言では言いあらわせません。

そして私は、そういう人たちに出会うたび、ゆっくりと時間をかけた話しあいのなかで、子ども時代の「友だち」との「遊び」が不足していた事実を、教えられてきました。

私たち人間は、日々、人と交わりながら生きることを運命づけられた存在です。子どもたちは、まず家族、そして友だちや先生たちと、家庭、地域、学校などで、豊かな交流を繰りかえして生きていくことが大切です。そのために、周囲の大人たちは熱心に、かつ本気で考えることが、今日のわが国では求められているのです。

まず友だちと充分に遊ぶ

父から聞いた話ですが、私の母は北関東の出身で、貧しい家庭で生まれ育ちました。小学校にもろくに通えず、近所の幼い子どもの子守りをしながら、家計を助けていたとのことです。

それでも幼い子どもを背負ったり、そばに置いたりしながら、近所の友だちと毎日よく遊んだと、母自身よく話をしていました。

実際に母は、当時の友だちの名前を、何人もよく覚えていました。

そんな明治生まれの母が、第二次世界大戦中の食べるにも事欠く貧しい時代に、私たち三人の子どもを育ててくれました。子ども時代を振りかえっても、私は特に不足や不満を感じることがありません。

時代や社会環境の要素も、あれこれあったかもしれません。しかし、そんな時代にくらべて、豊かさも自由もたっぷりある現代で、どうして子どもが育ちにくくなってしまうのでしょうか。

「児童青年精神科」という新たな診療科が、大学病院などに開設されるようになったのは、戦後、それも近年のことです。

考えればさまざまな要因があるでしょう。学びたくても、学ぶことができない子どもや大人たちがいた時代と、学びたくないのに学ばなければならない、高学歴社会の時代とでは、どちらか生きていきやすいか、子どもによって受けとめ方はさまざまでしょう。

子どもの精神科で働く私たちから見れば、現代の学校教育制度のなかでは、学ぶことが苦痛以外の何ものでもないという子どもは、けっして少なくないのです。

子どもはまず、子ども同士で充分に遊ぶことが必要です。遊びのなかで、友だちから学び、友だちに教えることによって、社会的な経験を得て、それから学校式の勉強に励むようになるのが自然なのです。

大人たちは、子どもが大人から学ぶことを大きく評価しすぎています。もちろん、知識や技術が増えることは、価値の高いことです。しかし、遊ぶことがまるで一種の罪悪であるかのような風潮や価値観のなかで、「勉強、勉強」と追い立てて育てられることで、子どもの健全な人格の育ちが犠牲になってしまうのは不幸なことです。

遊ぶことが次の発達につながる

子どもが、家族や学校の友だち、地域の人々などと、生き〱と伸びやかに交わる力を失ったまま、仮に勉強や稽古事《けいこごと》がよくできたとしても、それは非人間的なことなのではないでしょうか。この時代に子どもの精神保健を日々の生業《なりわい》としている私は、大声をあげて叫ばずにはいられない思いになります。

子どもにとって友だちとの「遊び」は、単に快楽のなかに身を置くことではありません。旧ソビエト時代の心理学者レフ・ヴィゴツキーが指摘しているように、子どもの発達に、遊びは不可欠ともいえるものです。共感や感動などの「人間性」の発達に加え、規則や役割、責任、義務、倫理や道徳といった「社会性」の発達に、非常に有益な、価値ある活動なのです。

遊びの利点は、自ら選んだ活動に「限界までの努力」ができることであり、将来のために自分の限界を知りながら、次の発達課題を見つめることができるのです。また遊びは、自分がより何に向いているかという「適格性」を知るための助走でもあるのです。

このように、子どもは友だちとの遊びを充分に体験しながら、人を信じる感情や、自分を信じる機能を育てていくのです。そして、余力を勉強にまわすというのが、本当に健全な子どもらしい生き方というべきです。

今日では、勉強もでき、知識ももっているのに、肝心な心の働きが起こらず、友だち同士の会話のなかに入っていけず、感情もわきでてこない、情緒が未発達な子どもがたくさんいます。

学校における多くの不登校やいじめ、成人になってのひきこもりや児童虐待など、その根っこのところにある問題を、今こそ改めて考えてみたいと思います。

学校時代は、友だちと楽しく遊んだ。友だちがいたから楽しかった。小学校時代の勉強は、遊びのあとか合間にあった。健全な人格の基盤をなす「勉強と遊び」の関係は、このようなものだと思います。

勉強も遊びも、本当にしたくなったときにするのが、意味や価値が大きいのです。子どもに「勉強しなさい」と言う前に、一度考えてみてください。

子どもと言葉遣《づか》い

——言葉は人格であり、生き方の姿勢——

日々の生活のなかで、親自身が自然なよい言葉遣《づか》いをし、言葉尻を捕らえるのではなく、人柄を育てることに心をかけましょう。

言葉……思考や創造の源

この地球上では数多くの動物が、それぞれのやり方で、子どもの命を大切に守り育てています。

巣を作り、家を建て、そのなかや周囲で、子どもに食べ物を与え、抱いたり、背負ったりします。そして、歩く、走る、泳ぐ、飛ぶなどの行動や行為を繰りかえしながら、子どもを育て、次の世代へと命をつなげていきます。

生命の営みで、人類がほかの生命体にない究極なものをあげるとしたら、それは質、量ともに「言葉」です。言葉こそが、人間が豊かな思考や創造をする力の源となっています。数多くの民族や種族が、それぞれの地域で言葉を使って文化や知識を伝えることを、世代をこえて営々と継続しています。

かつて私は大学生時代に「人間は言葉をもたなかったとしたら、ものを考えることができなかっただろう」という、文学者（哲学者）の講演を聴いたことがあります。私たちが何かを考えるとしたら、それは言葉という手段を得て、初めて可能になるというのです。ですから思考力が豊かだということは、その人が駆使できる言葉が豊富にあることにほかならない、というわけです。

雄弁であることや多弁であることと、その人の思考力が豊かだということは、単純に比例したり、結びついたりするものではありません。ですが、思考力が内言語《ないげんご》をふくめた言語機能と直結しているのは事実だと考えられます。

言葉のやりとりが子どもの人格を作る

言葉遣《づか》いが、その人の人柄をあらわすということは、私たちが対人関係を築いていくなかで実感することです。

冠婚葬祭などの場面を思い浮かべても、よくわかることですが、生活の折々で、話は弾んだり萎《しぼ》んだりします。

やさしく丁寧《ていねい》に、また素っ気なかったり、乱暴であったり……。話し方には、その人の人柄や人格があらわれるのはもちろんのこと、そのときどきの喜怒哀楽などの感情や場の雰囲気によって、さまざまに変化して表現されます。

楽しいときや嬉しいときには、誰もが多弁になります。そのため一般に家庭でも、食事のときには話が弾むのが普通でしょう。

もっとも家庭によっては、食事はできるだけ黙っていただくものだという作法を、大切なしつけにしていることもあるでしょう。

それはそれでよいことだと思いますが、私の家庭では、子どもたちが幼かったころには、その日に学校であった出来事などを楽しく会話しながら食卓を囲みました。

そのような会話のなかでは、子どもが友だちとの交わりなどで覚えてきたことを、親としては眉をしかめたくなるような言葉遣《づか》いで話すこともありました。

それでも子どもたちは、幼いときほど、自分が覚えてきた言葉を使ってあれこれ多様に、希望に満ちた表情で、感情をこめて、親や家族に意欲的に話したがります。

そして自分の話に対して、親がどのように受けとり、受けいれるのかを、敏感に感じとりながら、子どもは自分の言葉遣《づか》いや人格を作りあげて成長していくのです。

家庭でこのような言葉のやりとりを繰りかえすことで、子どもは、「言葉を使って自分の考えや感じたことを相手に伝える」というもっとも人間的な要素を発達、成熟させていきます。

言葉は友だちの選択にもつながる

子どもが言葉を、語彙《ごい》も内容も、もっともよく発達させるのは、まず家族との対話から、次に友だちとの会話を通してでしょう。どちらも喜びを分かちあいながら、気持ちよく発展させていくものです。

ですから両親が、それも多くは母親が、どのような言葉を話しながら日々生活しているかということが、子どもの言葉遣《づか》いに大きな影響を与えます。

保育園や幼稚園に行くようになり、さらに学校に通うようになると、友だちからの影響が大きくなって、話し言葉の質や内容がさまざまにかわってきます。

しかし言葉の質や内容において、それまでに母親や家族から受けてきた影響を、本質からかえることは、なかなかできないものです。これは言葉が人格だといわれる所以《ゆえん》です。言葉のあり方は、その人の育った環境をそのまま映しだしています。

家族のなかで覚え、自然と身につけてきた言葉は、子どもが多くの時間を共有する友だちの選択にも大きく影響します。小学校の高学年になるころから、言葉によるコミュニケーションを基準にして、どのような友だちを選ぶか、同時に選ばれるかということが決まってくるのです。

言葉そのものより人柄を育てる

言葉の質や内容は、その人の人柄や考え方をあらわすものです。ですから、言葉尻を捕らえて問題にするようなしつけは、本質的には意味をなしません。

また、子どもが学校など家庭とは別の環境で、友だちの使う品のない言葉を聞きおぼえてきて、家庭で試しに使って楽しむようなことが増えます。

しかしそのようなものは、ちょっと諫《いさ》める程度にして、聞き流しておけばいいのです。そんな言葉遣《づか》いは、お母さんは嫌いですよという程度にして、あまりとりあう必要はないと思います。

それよりもお母さんや家族が、自然なよい言葉遣《づか》いをしていることが大切です。そしてテレビなどで、自然なよい言葉遣《づか》いをしている人や子どもを見かけたら、静かにそっと褒《ほ》めておくというような対応が、よいと思います。「お母さんは、あんなお話のしかたが好き」といった一言をそえて。

言葉は人柄ですから、人柄を育てることの方に、日々ゆっくりと意を用いるのがよいと思います。

子どもに言ってはいけない言葉

――本音で話す子どもに育てるために――

子どもが安心して本音を言えるよう、
自尊心を傷つける言葉は言わず、
日ごろから、話をゆっくり聞くようにしましょう。

大切なのは、こめられた心や感情

あるとき「子どもにけっして言ってはいけない言葉は、どんな言葉ですか」と質問され、一瞬、とまどいを感じたことがありました。

なぜなら、親が子どもに何かを話すとき、「言葉」そのものより、その言葉に伴う心や感情が、重要な意味をもっているからです。

社会一般でも同じことでしょう。どんな言葉であっても、それにどのような気持ちや感情をこめて言うかが問題のすべてです。子どもに伝わる「意味」は、言葉の表面的な意味よりも、こめられた心や感情の方なのです。

子どもの自尊心を傷つけないで

子どもにかぎりませんが、相手に向かって、絶対に言ってはいけない言葉の一つは、相手の人格を否定したり、自尊心を傷つけたりしてしまう言葉です。

その子のプライドを傷つけたり失わせたりすることを、けっしてしてはいけないということを、子どもを育てている人たちの誰もが知っていてほしいと、強く思います。

自尊心が損なわれる育てられ方をしてきた子どもたちに共通するのが、自分を信じる力が弱く、他人のことも信じられないという傾向です。他人を攻撃することに抵抗がありません。この延長線上にあるのが、いじめです。いじめる子どもたちは、基本的に人と共感することができませんから、他人が自分より優れていたり劣っていたりすると、簡単に劣等感や優越感を抱いて、いじめに発展するのです。そういう心の傾向を作るのが、大人たちの言ってはならない「言葉」なのです。

強い語気で「バカ！」などという表現は最悪です。同じような気持ちを伝えるにしても、「おバカさんね」と、笑顔を交えながら穏やかに言って聞かせるのとでは、大きな違いがあることはおわかりでしょう。「バカ」という言葉は、子どもをしつけるときにしばしば用いられる表現かもしれませんし、口調や表現によっては、親しみをこめた気持ちを伝えることにもなります。

子どもを見捨てないで

もう一つ、言ってはいけない表現に、「子どもを見捨てる、見離す、つき放す」という意味や内容の濃い言葉や態度があります。

家庭や学校できれて感情のコントロールができず、暴力をふるう子どもたちに共通しているのが、「自分は親から見離されたのではないか」という不安感が心の底にある、ということです。この感情を「見捨てられ抑うつ感情」といいます。

「あなたのような子どもはいりません」

「うちの子じゃありません」

「産んだ覚えがありません」

「よその家にあげてしまいますよ」

などと繰りかえし言われて育ったり、親にかまってもらえなかったりした子どもたちは、大事にしてもらえなかったという思いが高じて孤独感や孤立感を深め、自分の親を安心して信じられないまま成長して、心に深い傷を作ってしまいます。

こんな、悪い子はどこかへ消えてなくなれ、という言い方は、幼い子どもに、親の言うことを一時的に聞かせるには効果的なものですが、反面、子どもを伸びやかに生き〱と成長させるためには「禁句」ともいえるくらい不適切な言葉だということを、親たちは肝に銘じていただきたいと思います。

わが子が門限を破ったとしましょう。その子に「ルールを守りなさい」と言うのはいいのですが、「だめなやつだ」とか「ルールが守れない子は、うちの子じゃない」などと、その子のすべてにNOをつきつける言い方は、絶対にしてはいけません。子どもは自尊心を大きく傷つけられ、いつも親の顔色をうかがい、親の前でビクビクするような人間になるかもしれないからです。

第二次世界大戦の末期、私が疎開していた滋賀県の過疎の農村では、村人たちは子どもを叱《しか》るときに、よく「人攫《さら》いにくれてやる」という言い方をしていました。

この表現の真意は、まさに子どもを見捨てるということで、強い語調や態度で言われた子どもはどんなにか深く傷つくものだろうかと思いますが、当時の私たち村の遊び仲間は、群れて元気に楽しく遊ぶことで、そんな親たちの言葉の毒を解消していたのです。

しかし、現代の日本のように、地域社会での人々のつながりが希薄になり、子ども同士の交わりも少なくなっているばかりか、学校でのいじめ問題が全国的にとりざたされる時代では、親の一言〳〵が子どもに与える影響の大きさを、もっと真摯《しんし》に考えなくてはなりません。

母親は最上級の守護神

子どもにとって母親は、何があっても自分のことを絶対に守ってくれる守護神にたとえられるほど、大切な存在です。そんな絶対的な存在に守られながら、子どもは安心して力強く育っていきます。

　非行や犯罪に走ってしまう子どもたちは、乳幼児期から、この安心感が充分に与えられずに育っているという、たしかな実証的な研究があります。いじめっ子にも当てはまることだと思います。最初の、親を信じることにつまずいてしまうと、うまく人と関係が築けず、社会性が育たないまま、大きくなってしまうのです。

　親の顔色などを見ることなく、思っていることを本音で言える子どもに育てることは、このうえなく大切な育児指針です。そのために日常、親はどのような態度と言葉で子育てをするのがいいか、よく考えてみてください。

　最近、ちょっと子どもとぎくしゃくしていると感じていたら、どんなに家事や仕事で忙しくても、子どもの人格やプライドを損なうことはけっして言わないで、子どもの話をゆっくり聞くこと、を一度試みてください。雰囲気がかわったことを実感できるはずです。

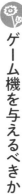

子どもに与えるもの、与えないもの

―ゲーム機を例に考える―

子どもに与えていけないものはめったにありません。
好ましくないものを求めているように思えたら、
本来与えられるべきものが不足しているはずです。

ゲーム機を与えるべきか

子どもには、いくら与えても与えすぎということがないのが「愛情」です。親の愛情が充分に子どもの心に届いてさえいれば、あとは何をどのように与えても、過不足などありません。しかし、こういう書き方では抽象的すぎて、実感することができない人もいるでしょう。

全国各地の勉強会や講演会に招かれて、よく質問されるのが「ゲーム機」に関することです。学校から帰って、自宅にいる間の多くの時間を、ゲームにはまったように熱中している子どもの話をよく聞きます。

「それでは困るので、ゲーム機は買い与えない方がよいと思いますが、激しく要求するので、与えないわけにはいかず困っています」といった内容の質問がたいへん多いのです。

これは、一見難しい質問のようなのですが、親の愛情が充分に伝わっていれば、与えるか、与えないか、どちらの選択をしても大過《たいか》ないのです。

ゲーム機を楽しむのを、ほどほどにしておきなさいという親の気持ちを受けいれるかどうかは、それまでの親子関係が大きく影響します。

それまでに子どもが受けとってきた、玩具《がんぐ》などの「もの」や親の愛情をどのように実感しているかで、子どもの態度はかわってきます。

半世紀近い児童臨床の間には、ゲーム機を買い与えることをしなかったために、自宅のあちらこちらの壁を壊されたり、長い歳月の後遺症に苦しむほどの暴力をふるわれたり、放火されて自宅を失ってしまったりした家族の事例にであってきました。では、ゲーム機を買い与えてさえいれば、これらの問題は防げたのでしょうか？

「もの」だけでは満たされない心

子どもがゲーム機を強く求めたら、私は買い与えてやるのがいいと思います。しかし、ゲームばかりに没頭してしまうとしたら、その原因に思いを向けてやってほしいと思います。

子どもの要求というのは個人差があっても、ある一定の容量があるようで、ある一定のところまで満たしてあげれば別の要求はでてこないようです。子どもがゲーム機のような「もの」で要求するときは、心の要求が満たされていないのかもしれません。たとえ「もの」を買い与えることがあっても、できるだけ限度をわきまえて、そして、「もの」で子どもの要求を満たすことはできるだけ減らそうという気持ちも大切だと思います。

私の経験では、ゲームに長時間のめりこみすぎる子どもの場合、たいてい、家庭のなかで会話が不足しています。まるで会話が皆無といってもいいほどの家庭もあります。

「ゲームばかりしていないで、もっとほかのことをするように」という話をする前に、家族間の自然な会話を増やしていくように心がけることが大切です。夕食のときなどは最適な時間です。また、そういう会話を心がけることで、話の延長として、「ゲームはもっと控えるように」といった親の要求が伝えやすくなるのです。

食卓に心をこめて

子どもに買い与える「もの」を減らした分だけ、どこかで心を満たしてあげようと考えないと、「もの」の要求は減りません。ですから、「もの」以外での要求は、できるかぎり満たしてあげるようにしましょう。

たとえば、食事での心の要求を満たしてあげてはどうでしょう。最近は、食事に心を配ることをしなくなった家庭が増えてきて、コンビニやスーパーのインスタント食品で安易にすませてしまうことが多く、家族の絆《きずな》のほぐれの一因になっていると思います。けっして贅沢《ぜいたく》をすることではありません。子どもが望むメニューを、手をかけ心をこめて、できるだけしばしば食卓にだすことは、日々心がけることができるうえに、親の愛情が具体的に、効果的に伝わる方法です。

子どもは自分が好きなメニューを母親が作ってくれたという共感的な感情を抱くことができますから、会話は弾みやすくなるでしょう。

このようなことが日常の習慣になっていれば、親が子どもに与えたいものや与えたくないものについて、話しあう機会が自然と増えてくるのではないでしょうか。

そうなっていなければ、そうなる方向に無理のないやり方で、努力をしていくといいと思います。私の経験でいえば、食事（特に夕食）への配慮が、ささやかな内容やペースででも積み重ねられると、すべてのことが好転していくものです。

何を与えてもよい

今日、携帯電話をはじめ、大人が陥っているじつに多様な対象への依存症を考えてみてください。アルコール、薬物、買い物、性、賭博《とばく》など。そして生き方の孤立性。そういう大人たちは、それまでの半生で求めても与えられてこなかったものを、深く大きな心の渇きとして抱いているのです。

人間には、心の底から欲求する「もの」や「こと」で、不要なものなどないのです。不健康で不自然なものの要求が大きいときには、健康で自然なことが与えられてこなかったという事実が、必ず背後にかくれているのです。

ですから、子どもが求める「もの」や「こと」で、与えてはいけないものはめったにありません。子どもの心身が要求していることは、究極のところ必要なことなのです。親から見て好ましくない「もの」や「こと」を求めているように思えたら、日々の会話や手作りの食事など、本来与えられるべきものが不足しているはずだと考えて、対処してあげてください。そのうえで、ゲーム機などを与えて問題が生じたら、会話のなかで要求を伝えていけばいいのです。

子どものウソ

―叱《しか》るよりも、受容する気持ちが大切―

ウソは、悪意ではなく、むしろ美しい心からはじまります。
ウソに気づいても、安易に感情的にならず、
子どもの気持ちを抱擁しながら育てましょう。

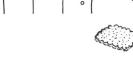

子どものウソに悪意はない

子どもにかぎらず、人間は誰でもウソをつきます。

まず人間は自尊心を守るために、ウソをつかなければなりません。みじめな自分を相手に知られることが辛《つら》いので、いろいろな程度や内容において言い繕うことは、誰もがする

ことです。

また、自分が考えたり思っていることを、そのまま伝えると、相手を傷つけたり、不愉快にするとわかっているときにも、適度に言い繕って、自分の気持ちをありのまま語ったりはしません。

私たちは普通、相手との関係のあり方を意識し、自分のことと相手のことを思いくらべながら、さまざまなことをさまざまな程度に、内容をかえたり、言い方の強さを工夫したりして、話をしています。そんなとき、私たちは、ときとして自分の思いや、実際の内容とは正反対なことを言うことがあります。それもウソをつくという行為です。

ですからウソは、まず自分を、そして相手を、不愉快にしたり傷つけたりすることがないように、内容や程度を改変することであり、本来は悪意があって言うことではありません。そのことを、幼い子どもでも実感しているのですが、子どもがウソをついたとわかったときの母親の脳裏には、その認識があまりないようです。

多くの場合、「それは違うじゃないの!」と、頭から否定し、親が感情的になってしまって、子どもの自尊心を大きく傷つけるような叱《しか》り方をしてしまいます。そうなると叱《しか》られた子どもは、そのあとばれないようなウソをつこうと、上手にウソをつく努力をするようになっていきます。

自分が傷つかないように、相手を不愉快にしないようにと、ウソの根源は、むしろ美しい心や気持ちからはじまるものなのです。ですから、ウソをついた子どもの気持ちを思いやり、上手に接することが、親として何より大切です。

ウソをついた子どもの自尊心を守る

ウソをつく子どもが悪いのではありません。子どもが幼ければ幼いほど、子どもにウソをつかせるような周囲の大人が悪いのだというくらいの気持ちで、接するのがいいでしょう。

子どもは自分が傷つくことはもちろん、相手を傷つけたり、不愉快な思いをさせたりすることもいやなのです。だからウソをつくわけで、そのことを、私たち周囲の大人たちは、しっかり理解して接したいと思います。

そのためにはまず、子どもがウソをついているとわかっても、けっして強く叱《しか》ることはせず、「お母さんにはあなたのウソがわかっているのだ」ということを、できるだけ穏やかに伝えることです。そして、その先の会話を自然に、上手に続けられるよう、子どもの言うことをじっくり聞く努力や協力をしてあげてください。

そういう心がけを続ければ続けるほど、お母さんの愛情はますます豊かに子どもに伝わっていきます。ウソを叱《しか》らなかったからといって、子どもがますますウソをつくようになっていくわけではないのです。

幼い子どもは、自分のプライドやお母さんの気持ちを考えながら、精一杯ウソをついているのです。ですから、「あなたのそういう気持ちをわかって、お母さんも受けいれているのよ」と、子どもに理解させることは、最善のしつけや養育になるでしょう。

ウソをついてしまったという窮地を、子どもの自尊心を守りながら救っているわけですから、それは巧まずして、最上の愛情を与えながら、優れた教育をしていることになるのです。

ですから、子どものウソに気づいても、安易に感情的にならないで、穏やかな気持ちをもって、ウソをつく子どもの気持ちを抱擁しながら育てるように心がけてください。これは「できるだけ」でいいのです。こういう気持ちを忘れずに子どもを育てていれば、子どもは安易にウソなどつこうとはしなくなっていくものです。

叱《しか》るのは逆効果

あれこれとこまごま口うるさい育て方をすればするほど、子どもは叱《しか》られることを避けようとして、日常の生活でウソをつくことが多くなっていきます。

そして、そんなウソをついたとき、厳しく叱《しか》れば叱《しか》るほど、ウソをやめるのではなく、逆にウソをつこうとする気持ちを大きくしてしまいます。イソップ物語の北風と太陽のたとえではありませんが、厳しく叱《しか》るだけの北風は、賢明な育て方とはいえません。温かい気持ちで接して初めて、子どもは「自分の気持ちを理解して、大切に育ててくれる母親の言うことなら、聞こう」という気持ちになります。

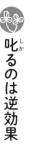

大切なことは、子どもが親に何を望んでいるか感じとろうとすること、また親が自分の気持ちをわかってくれているという手ごたえや実感を子どもがもつことです。厳しく叱《しか》りつければ、それだけで悪いことをしない子どもになっていくわけではありません。

ですから、親から見て、子どもが好ましくないことをしたときには、厳しく叱《しか》って、二度とそんなことをしない子どもに育てようとするのではなく、母親の愛情が穏やかに、しっかり伝わるような対応をするべきです。その方が、子どもの心の内に、叱《しか》られるようなことはしないでおこうという気持ちが、豊かに育ってくるものなのです。

厳しく叱《しか》ることが、よいしつけにつながるものではないことを、子どもを育てているすべての人々に知ってほしいと思います。

悪いとわかっていることをしてしまったときに、気持ちよく「ごめんなさい」と言える子どもに育てることが、ウソをつかない子どもに育てることにつながるのです。

そのために必要なのは、けっして厳しく叱《しか》ることではないのです。

子どもを叱《しか》るとき

――自尊心を育てるしつけ――

子どもを育てるうえで起こしてしまう失敗は、言いすぎや叱《しか》りすぎなどの、副作用によることが多いのです。見栄や世間体より、子どもの自尊心を守りましょう。

自尊心が育たないと……

子どもを育てるときに、もっとも大切に考えておかなければならないのは、子どもの自尊心を傷つけないことだと思います。これは、半世紀近く子どもの精神医学や精神保健の臨床に携わってきて得た結論です。

勉強や運動、ピアノなど、子どもの能力を伸ばすように育てても、自尊心を失った状態で大きくなったのでは、その能力を社会で生かすことはできません。

それどころか、自尊心を育てられないまま思春期や青年期に至ると、簡単に他者を傷つけ、非行や犯罪に走るようになります。

繁華街に車を乗りいれて暴走し、無差別に人を殺傷した若者や、大学のトイレに身を隠して、恩師を殺害した卒業生は、小学校時代から勉強や稽古事《けいこごと》などは、非常によくできていたと報じられました。しかしこのような場合、たいていあとになって本人の述懐として報じられるのは、「親が勉強や稽古事《けいこごと》に、非常に厳しく口うるさかった」というものです。

非行少年から学ぶ

一〇年以上前に、少年の非行に関するテレビ番組を作る手伝いをしたことがあります。北関東の少年院を訪問して、少年たちからさまざまな話を自由に聞いたのです。

少年たちは口々に多様なことを語ってくれました。しかし、収録された映像と会話を編集しながら感じたのは、彼らは共通して、家族については両親に関する思いばかりを語っているということでした。

自由に語ってもらったはずでしたが、その内容にも、多くの共通点がありました。少年たちは体験を語るなかで、プライド、自尊心、見栄、世間体といった言葉を、非常に多く口にしました。そして、自分の思いと親の考えが衝突することがあったときに、その都度、親たちは自分の見栄や世間体の方ばかりを優先させるやり方を通してきたというのです。

要約すると、少年たちの保護者は、子どもの自尊心を守るために、自分たちの世間体などを犠牲にするようなことはしなかった、というものです。

少年院や、かつての教護院（現・児童自立支援施設）で働いてきた友人から教えられたことですが、少年たちが矯正施設をでたあとに、再び施設に戻ってくることはないだろうと確信できる場合があるそうです。それは、彼らの心の内に親を許せる気持ちが芽生えているときだということでした。

叱《しか》らないで、言い聞かせる

基本的に、親が子どもを叱《しか》る場合、子どもを正しくしつけようと思ってのことが普通です。

私は各地で継続している保護者会や母親の会などの場で、一週間だけでよいから、子どもを一度も叱《しか》らないでいることを提案しています。

それは当然、子どもに何事も好き放題させることを意味するわけではありません。腹を立てて叱《しか》ったりする調子ではなく、本当の意味で穏やかに、言い聞かせるように、だめなことはだめと伝えるのです。強い感情で声を荒らげるのは避けるということです。

これを実行できる母親は、けっして多くはありませんが、実行できた母親は、ほぼ確実に「子どもが穏やかになり、むしろ聞き分けもよくなった」と語るのです。

多くの母親は、叱《しか》ることが子どものしつけや教育として必要だと考えています。その一方では、その効果や結果が思いどおりにはいかないことを、経験的に理解しています。しかし、叱《しか》らないでいることが、なかなかできないのです。

もう少し深く考えますと、子どもを叱《しか》っているとき、子どものためにと思いながら、実際には親自身の感情や衝動の自制ができないで叱《しか》りつけていることが多いのです。

そういう叱《しか》り方が、子どもの教育、しつけ、情緒や社会性の発達などのために、よい影響を与えないことは明らかです。

私自身の多様な経験からいって、叱《しか》るよりも丁寧《ていねい》に言って聞かせる方が、はるかに有意義です。しかしそのことは、けっして容易ではありません。子どもを叱《しか》りたくなったときは、叱《しか》る側の大人は、感情を高ぶらせているからです。

人間は誰もが感情的な面を持ちあわせています。相手が子どもといえども、自尊心のことまで冷静に考えながら叱《しか》るということは、なかなか困難です。

しかし平素、子どもを育てる場合、その自尊心を傷つけることは、最大限に努力をして避けなくてはなりません。日ごろから、それを自分に言い聞かせておくことで、どうしても叱《しか》らなければならないときには、必要な配慮や手加減ができると思います。

言いすぎをおさえる

子どもを育てる、教育する、しつけるという場合、親や教育者として承知しておかなければならないのは、正しいことだからといって、いくら叱《しか》ってもよいかというと、そうではないということです。

どんなに優れた薬でも、相手にあわせて適量というものがあるように、しつけや教育のために有益なことでも、本当に有効に働くための適量があるということです。言いすぎや厳しすぎのように、適量をこえた部分は、程度に応じて、必ず自尊心の障害という副作用としてかえってきます。

無責任な放任は論外ですが、子どもを育てるうえで起こしてしまう失敗は、言いすぎや叱《しか》りすぎという、この副作用によるものが多いことを知ってください。

子どもは、信頼して尊敬できる人からしか学べないのです。

しつけは繰りかえし教え、待つこと

——子どもの自律性を育てるために——

真の意味の自律性は待ってあげるなかで育ちます。子ども自身がやろうと決めて実行するのを、待っていてあげるから「自分を律する力」が育つのです。

誤りの原型……厳しく性急なしつけ

子どもを「しつける」ことは、先人が長い歳月をかけて築きあげてきた価値や文化を教え、伝えることです。そして子どもがその教え、伝えたことを、いつか自発的、意欲的に表現し、実行できるようにしてやらねばなりません。

人間のライフサイクルの幸福を願ったエリク・H・エリクソンは、自発的に表現することを、幼児期の大切な発達課題と考えました。しつけをしている親の顔色をうかがいながら、言われたことを不承ぶしょうやっているようでは、人間的なしつけになっていないということです。

そんなやり方では、自尊心が育ちません。逆に、劣等感の強い子どもを育ててしまうことになります。自尊心が小さく、劣等感の大きな子どもは、人前で伸びやかにふるまうことができず、ひきこもりがちになりますし、それ以上に攻撃感情が強くなります。

この原稿を書きながら、今朝読んだ新聞のニュースが気になっています。千葉市の公園で四人の中学生が、ほかの一人を殺害したというのです。少年たちの生い立ちを本気で知りたいのです。

中国近畿地方での講演の合間に、書店で見つけた『秋葉原事件』（中島岳志著・朝日新聞出版）を一気に読み終えました。二〇〇八年六月に発生した通り魔事件の、非常に入念で詳細な記録で、母親が生来「優秀な」わが子に「しつけ」とは正反対の、「激しい教育」を繰りかえした結果起こった事件であることが、この小文をお読みの方々には理解していただけると思います。

思いかえせば、いまだ記憶が薄れない神戸の「酒鬼薔薇聖斗」少年の事件も、まったく同じ構図であったと思います。

穏やかに繰りかえし、そして待つ

エリクソンは「しつけ」という言葉ではなく、自発性につながる「自律性」という表現で、幼児期に不可欠な発達課題を、私たちに指摘しました。

それはしつけを通して、自分の感情や衝動を「律する」力を育てるということです。何をしなければならないか、何をしてはいけないか、その判断のもとになる具体的な言動を教えるということです。

大切なのは「何をどのように」の伝え方です。伝えるのは、子どもから豊かな信頼を得ている人でなければなりません。私たちでも、あの人の言うことならよく聞こうとか、あの人の言うことなら聞きたくないという思いがあります。心理学や精神医学は、「愛情」とか「基本的信頼」という言葉や概念で説明しますが、そんな信頼感情のもてる人からしつけをされるのが、何より大事な前提なのです。その意味では両親、特に母親のしつけが大切で、祖父母や子ども好きの保育者なども重要な人材になります。

「しつけ」に際しては、しつけとして大切に思うことを、できるだけ穏やかに、必要に応じて必要なだけ、そのときどきに繰りかえして教え、伝えます。そしてもっとも大切なことは、教えられたことを子どもが納得し、きちんと自主的に実行するのを、待っていてやることです。そうなるまで、手を貸して助けてやることです。

真の意味の自律性、自主性や主体性、自発性は、待っていてやるなかで育ちます。子どもも本人がこれをやろうと決め、実行するのを待っていてやるから、「自分を律する力」が育つのです。

しつけの失敗……依存症と暴力

この「待つ」能力には個人差があります。ですから「しつけ」の上手な人と下手な人がいるのです。

子どもをしつけるのが下手な人の共通点は、性急すぎることと、感情的な激しさで教えることです。こちらが伝えたいことを、できるようになるまで待てないで、すぐにいらだってしまいますから、「早く」とか「何度言えばわかるの」という言葉が多く口をつきます。しかも悪いことに、そんな言葉を、感情的な激しさのままに、威圧的に伝えてしまいます。

「しつけ」の極意は、それとはまったく逆です。穏やかに繰りかえし言って聞かせて、子どもができるようになるまで手伝いながら、できるのを「楽しみにしながら」待っていてやるのです。

こちらがあせっていると、子どもはもっとあせります。何をやっても自信がもてず、成果があがってくるまで、自分で自分を待てない子になるかもしれません。成長や発達、あるいはしつけが身につくのをふだんからじっと待っていると、それが子どもにも身につきます。忍耐強さが身につくといってもいいでしょう。待ってあげる姿勢は、子どもを充分信頼しているという気持ちを伝えることになり、子どもへの愛を子どもにもっともわかりやすく伝えることにもなるのです。

感情の抑制ができなくて、物質（酒やドラッグ）や行動（パチンコなど）の依存症的な日常を送ったり、すぐに暴力的になったりする大人が増えてきました。そういう人たちの幼少期の育ちには、明らかな共通点が見つかります。半世紀ほども、子どもや青年、家族の精神医学や精神保健の臨床に携わってきますと、そのことがよくわかります。

窮乏《きゅうぼう》……学ぶべき人間性

二〇一一年に発生した東日本大震災では多くの人々が被災しました。

被災地から届くテレビ映像のなかで、授業を再開した学校では、先生が、生徒の心が美しくなったと思うと話していました。避難所では乏しい配給の食べ物を前に、若い母親が、幼いわが子の食べ残したものだけ食べていると、静かに語っていました。

この家族の絆《きずな》のなかに、私たちが今後教えられ、学ぶべきことがたくさんあるのは、疑いのないことだと思います。

怒り
――誰にもある感情、みんなが違う感情――

どうして怒ってしまったのか
静かに反省することの繰りかえしが、
怒りの感情を和らげていきます。

人々との交わりと怒りの軽減

人間は誰でも、自分の思いどおりにならない状況にぶつかると、腹が立ち、怒りを覚えます。しかしまた人間は、一人ひとり怒りを感じる事柄や内容が違うばかりか、感じ方の程度も異なりますし、自分の置かれている状況によっても、同じことに違った内容や程度の怒りを感じる動物です。

本章では、母親がわが子に感じる怒りと、子どもが母親に感じる怒りの感情について、考えてみます。

数年前、私はＮＨＫの「ハートをつなごう」というテレビ番組に招かれました。お母さんが子どもを叱《しか》ることについて考える番組でした。

番組の浜田裕造ディレクターは、私が、「子育て中の母親にかぎらず、人間は誰も、日常生活で親しく心を許しあう知人や友人をもてば、子どもに対する感情だけでなく、ささいなことでカーッとなるような怒りが、その程度も頻度も確実に軽減するものだ」と話していることを聞き、「それが事実かどうか、関東近郊の若い母親を数多く訪問して、確認したうえで番組を制作します」ということで、出演を依頼されました。

その言葉どおり、幼稚園や保育園で母親同士が親しく交わることをすすめあいながらサークル的な活動を実践しているところを各地で取材して、見事な番組にしあげていました。画面では、何人もの若い母親たちが、交友が深まりだす以前にくらべて、子どもを叱《しか》らなくなったと実感していると話していました。

人間関係と心の蓄《たくわ》え

怒りっぽくなっているのは、互いに「安らぎあえる人間関係」によってもたらされる「心の蓄《たくわ》え」が不足がちになっていることを意味します。

子どもとの人間関係の豊かさは、親子関係だけで深められるものではありません。一九七〇年代終わりごろから、優れた家族研究をしているアメリカ・ダラスの精神医学研究所が実証的に明らかにしてきた事実ですが、子育てに成功している家族は、家族間の人間関係だけでなく、近隣など、家庭外の人々との人間関係もまた豊かなのです。

そして、ささいなことで過度の怒りを表現しなくてもよくなるには、夫婦関係をはじめ、地域社会、親類縁者、友人や知己《ちき》との交わりを深めながら生きることを心がけるのが大切です。

親子関係における怒りのもっとも不幸な例が、子どもへの虐待です。虐待をした何人もの親にこれまで面接をしてきましたが、例外なく家庭の内外で孤立したままで生き、「心の蓄《たくわ》え」などまったくない状態で日々を過ごしている人たちでした。

悪い子と悪いこと

親に叱《しか》られる子どもの気持ちを考えてみましょう。大事な原則は、「悪いこと」をしたから叱《しか》るのであって、「悪い子」だから叱《しか》るのではないということです。この区別は、どんなに幼い子どもでも、思春期を迎える大きな子どもたちでも、実感的に理解できます。「悪いこと」をして叱《しか》られたときは、母親の怒りにふれてもしかたがないという気持ちになれます。しかし、「悪い子」だから怒られたときには、自分が根底から母親に拒否されたことを感じて自己否定的になり、自尊心が傷つきます。

子どもを育てるときに、もっとも気をつけなくてはいけないのは、子どもの自尊心を傷つけないことです。自尊心が傷ついた子どもは、自己否定的になるだけでなく、同時に相手を否定し、軽んじるふるまいが多くなり、よい友だちが得られなくなってしまうからです。

怒ったあとの反省

とはいえ、私たちの感情はいつも冷静に、理屈どおり処理できるものではありません。

子どもの行動に腹を立て、叱《しか》りとばしたあとに、しまった、と思うこともあるでしょう。そのときは、あまり時間が経過しないうちに、「さっきはごめんね」と謝ってあげるのがいいと思います。こちらが素直に謝れば、子どもは必ず許してくれます。許す気持ちが生まれれば、心に傷を残すこともなくなるでしょう。

また、腹を立てて叱《しか》ったときは、あとで、気持ちが落ち着いてから、どうして怒ってしまったか、自問自答しながら反省することが、自分のためにも、子どもの気持ちを考える意味でも、価値のあることです。

叱《しか》られたことのない人間はいません。それがどんな不愉快な体験だったか、みんな忘れているのですが、もう一度、しっかり思いだしてみることをおすすめします。そして、叱《しか》ったのは子どものしつけや教育のためだなどと安易な自己弁護などせず、静かに反省してみてください。こういう経験の繰りかえしが、自分の怒りの感情を和らげていくのです。

一週間一度も叱《しか》らない、怒らない

「子どもを叱るとき」の章にも書きましたが、私は各地の母親勉強会などに招かれるたび、一週間でいいから、一度も子どもを叱《しか》らないでみてください、といつも話します。

それは、子どもの好き放題にさせることではありません。親から見て好ましくないことをしたときは、声を荒らげず、できるだけ穏やかに、注意をしたり、言って聞かせたりはするのです。

そして一週間、そのことがきちんとできたら、ほぼすべての母親が、わが子が見違えるような爽《さわ》やかないい子になっていることに気づくでしょう。だまされたと思って、試してみてください。

親同士のコミュニケーション

――子どもの共感性を育てるために――

まわりの人と一緒になって、喜んだり悲しんだりする姿を親ができるだけ豊富に見せながら育てることで、子どもは、いろいろなものを感受性豊かに学びとります。

親の姿を見て学ぶ

コミュニケーションの趣旨が、相手と互いに喜びや悲しみを分かちあうものだということは、本書のなかで、折にふれて書いてきました。

現代社会では、人づきあいがわずらわしいと感じる人も多く、一人でいることを選ぶ人も増えています。

しかし、日々の暮らしのなかで、親が夫婦同士で、または親戚《しんせき》や地域の人たちと、にこやかに親しくコミュニケーションをとる姿を、日々子どもに見せながら生活することは、今の日本の社会では非常に重要で価値のある生き方だと思います。

親たちがさまざまな話題を交換し、その事柄のなかに潜んでいる嬉しいことや悲しいことを互いに伝えあっている様子を、子どもが自然に観察するのは、とても意味深いことです。そして、そのような機会を少しでも多く与えてやることが、子どもにとっては重要なのです。

なぜなら、両親が何を語りあっているか、近隣とどのようなことを、どのような感情を交えて話しあっているか、そうしたことを、子どもは話し言葉の内容ばかりでなく、表情や感情、身振りなどから、感受性豊かに学びとっているからです。

子どもの話に耳を傾ける

子どもは、親がほかの大人と話している姿を見て、コミュニケーションの方法を学びます。友だちや先生とコミュニケーションをとる力を身につけるためには、親というお手本が必要なのです。

そして親は、話している姿を子どもに見せることも大切ですが、さらに大切なのは、子どもの話をよく聞いてやることです。

子どもを育てるとき、「親の言うことをよく聞く」ような子どもになってほしい、またそうしつけなければ、という思いは、多くの母親が共通して抱いている感情です。しかし、それ以上に意義深いのは、「親が子どもの話を聞く」ことなのです。

その場合、子どもの話す楽しい話題を、より豊かな気持ちでたくさん聞くのが大切だということは、論をまちません。

しかし本当は、子どもが悲しい思いを抱いて話そうとすることを、母親がゆっくりと時間をかけて耳を傾けることの方が、よほど重要なのです。

誰にも語れないような、悲しい、辛《つら》い思いを、安心して話すことができる相手は、幼少期の子どもにとっては「お母さん」がいちばんなのです。

楽しいことはもちろん、微笑《ほほえ》みながら聞いてあげてください。悲しい話題であっても、話の腰を折ることなくじっくり耳を傾け、一緒に悲しむ。そんな気持ちのゆとりをもって子どもを育てることこそ、母親ができる意味深いことなのです。それをもう一度強調しておきます。

友だちと共に育つ思いやり

平成二六年度の文部科学省での調査で、学校でのいじめが、約一九万件もあるという事実が報じられました。実際にはもっと多い、と話す現場の教育者もいます。

友だちと一緒に、喜びも悲しみも分かちあうことができない、共感性をなくした子どもたちが、想像をこえるほど多くなってしまったことを物語るデータです。

友だちがいたから、こんなに楽しいことができた、友だちがいたから、こんなに悲しいことも慰められた、という感情を、日々の学習や生活のなかで体験することが、共感性を育てるのです。そんな体験ができる環境を、保育園や幼稚園、学校、地域、そして家庭というそれぞれの場で、子どもたちには必ず用意してやりたいものです。

「親」と「友だち」の意味や意義を、比較して考えることはできません。どちらも大切なものですし、どちらかだけを選ぶものでもありません。

悲しいことに、この「どちらも」という大切な感情が、現代の子どもには理解しづらくなっていることも、私たちは改めて認識しなければならないと思います。

「いじめる」、特に弱い相手をいじめるという感情や特性は、人間としてもっとも卑しい、不幸な一面です。このような感情体験を、幼少期には特に味わわせることのないように、子育てをしたいものです。

困っている友だちがいたら、助けてやりたいという感情が自然にわきあがってくる、そんな子どもになるように、親がコミュニケーションを大切にする姿を豊富に見せながら、育てていきたいものです。

まずは喜び、悲しみの感情を知る

喜びと悲しみを分かちあうという感情は、人間としてもっとも高尚な一面です。

家族や友だち、まわりの人と一緒になって、喜んだり、悲しんだりすることは、人間的であり、重要なことです。

人間はまた誰もが、妬《ねた》みや嫉《そね》み、そして攻撃などの感情を抱くものですが、このような、複雑で、マイナスとも呼べるような感情は、大人になるまでの間に、状況に応じてゆっくり学んでいけばいいのです。まず子どもには、喜びや悲しみといった健全な感情から、しっかりと育《はぐく》んでやりたいものです。

そのためには、親が、夫婦間や隣近所の人たちと、親しさや感情のこもった会話や交流の場面を、できるだけ豊富に見せながら子どもを育てることが、重要なのです。

このような場面を数多く目にすることで、子どもはそこからいろいろなものを感じとり、感受性豊かに育っていきます。

親が、喜びや悲しみをより多くの人たちと分かちあう、すなわちコミュニケーションを大切にしながら子どもを育てることは、価値の大きい育児であると思います。

相手と響きあう心は、大人が人を思いやり、交流しあうことで育っていくものなのです。

子どもがいじめられているとわかったら

――子どもの自尊心を守ることに最善を尽くす――

意地悪をするのは劣等感に苦しんでいる子どもです。
そのことを理解したうえで、あらゆる努力で子どもを守り、
万難を排して、いじめをなくさなければなりません。

あらゆる努力で子どもを守る

半世紀近く、子どもと青年の精神医学や精神保健の仕事に携わってきた私が、現代のわが国で、もっとも心を痛めている問題は、いじめと虐待です。

いじめも虐待も、子どもが育つときにもっとも大切な、その子の自尊心と自己肯定感の

発達を阻害するばかりか、めちゃくちゃに壊してしまいます。ですから、わが子がいじめにあっていることがわかったら、あらゆる努力で子どもを守り、万難を排していじめをなくすようにしなければなりません。

いじめがなくなるまで、いじめられている場（学校）へは行かないことくらいは当然です。その間に勉強が遅れるなどという心配より、いじめられることで失うものの方が、はるかに大きいのです。

自尊心を守ることの大切さ

私たちは、自尊心を傷つけられることが、子どもの人格形成にどれほど大きな妨げになっているかについて、あきれるほど鈍感です。

いじめが、人格形成に不可欠の自尊心や自己肯定感の破壊である以上、いじめ問題への対応は、算数や国語などの教科より、優先されなくてはならない課題です。しかし、いじめが原因で生徒が自殺した学校の釈明や対応を見聞きしていますと、校長や教師自身に、自尊心がどれほど確立しているのかと疑いを抱きたくなることがしばしばです。そんな、自尊心を育てる機能が弱くなった学校や社会や家庭で、いじめっ子は生まれ、育てられているのです。

非行や犯罪は、自尊心を失った人間がする行為です。私たちが犯罪に走らないのは、自分はそんな人間ではないという自負心や自尊心に守られているからです。

わが子がいじめにあっていることがわかったら、親はその子の自尊心を守ることに、最善を尽くしてください。あなたはわが家の大切な宝なんだと、誇張しすぎるくらい、しっかりと伝えてください。間違っても、いじめられるのはお前に少しは責任があるとか、お前が要領の悪いふるまいをするからいじめられるんだ、などという対応はしないでください。

相手や学校と相談

日本の学校におけるいじめは、世界で類を見ないほど深刻です。しかし、親同士が親しい交わりをしている学級で、いじめが起こることはありません。日ごろ自分の親が、クラスの親たちと親しくしている姿を見ている子どもが、仲間をいじめることはないからです。

保護者同士の交わりの希薄さも、いじめの重要な一因になっていますから、いじめの主役になっている子どもの保護者に、直接訴えたり、話しあいを求めたりすることは、慎重のうえにも慎重にしなければなりません。いじめっ子の家族は、家族内もふくめて、人間関係がよくないことがしばしばあります。できるだけ、学校などの仲介を得ながら、相手の保護者と話しあうようにするのがいいでしょう。児童相談所や保護者会（ＰＴＡ）、また学童保育などの「放課後児童クラブ」で働いている人たちに相談するのも、よい方法です。

相談も兼ねて、放課後に行くことができるような児童クラブに、子どもを連れていくことをおすすめします。学校を休むことになっても、何も悪いことをしているわけではないのですから、気にすることはありません。堂々と理解と支援を求めることが大切です。学校を休んで、放課後の児童クラブにだけ通うというのも有益でしょう。そういうところでは、必要だと判断したら、職員が子ども一人ひとりをじつによく見てくれます。そのおかげで、思いのほか、よい解決に至ることもあるのです。

いじめっ子もその親も病んでいる

いじめにあった子が心を病むのは当たり前ですが、本当に心を病んでいるのは、いじめっ子ですし、相手に意地悪するのは、自尊心を失い、劣等感に苦しんでいる子どもです。そういうことを知りながら、問題の解決に努力することが大切で、その本質的なことへの理解や配慮なしに、いい解決は得られません。

これはかなり難しいことで、私自身の長い臨床経験のなかでも、成功例はわずかしかありません。でも、どれも素晴らしい経験でした。

いずれも小学生でした。いじめを受けていた子どもの両親が、子ども連れで遊園地や動物園にでかけるとき、いじめている子にも声をかけ、一緒に行こうと誘ったのです。当然、保護者にも声をかけてのことですが、それに応じた子どもがいたのです。

それが素晴らしい解決になりました。自分の子どもへのいじめがなくなっただけでなく、いじめていた子どもの心も救うことになりました。そしてさらに、双方の親同士が親しい間柄になることもできたのです。

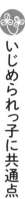

いじめられっ子に共通点

いじめられる子に共通点がある、という指摘があります。自尊心が育てられず、欲求不満に苦しんでいる子どもは、生まれつきの体の障害や弱点、行動上のかわった特徴をもった子どもを見つけると、いじめのきっかけにしがちです。子ども世界のなかで、状況や雰囲気にあわせて、生き〳〵と臨機応変にふるまうことができない子どもも、ささいなことをきっかけに、いじめにあい、それが常習化することもあります。

だからといって、いじめられる子どもが悪いわけではありません。大切なことは幼少期から、できるだけ家庭で親に向かって本音でものが言える関係を築いておくことです。それがいじめっ子にしないことにも、いじめられっ子にならないことにもなると思います。

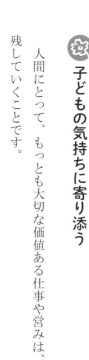

子どもがピンチのときこそ、親の出番

―保護者に徹する―

自分がピンチのときの親の行動を見ることで、子どもは親の愛や保護の意味を実感します。寄り添ってくれる親を強く求めているのです。

子どもの気持ちに寄り添う

人間にとって、もっとも大切な価値ある仕事や営みは、次の世代に素晴らしい贈り物を残していくことです。

今の時代、美しい緑や水や空気、また優れた生活用品や便利な発明品などを、同時代の人々のためばかりでなく、後世を生きる人たちに残していくことは、なかなか私たちにできるものではないと思います。

けれども、それ以上に意味や価値のある日々の営みは、次世代を生きる子どもたちを、健全に生み育てていくことで、このことは日常の習慣的な心がけによって、できることだと思います。

長年、子どもの精神科医として働いてきて、しみじみ思い、感じることがあります。

それは、自分が困り苦しんでいるときほど、自分自身の気持ちに寄り添ってくれる親を、子どもは強く強く求めている、ということです。この気持ちや感情は、保育園や幼稚園、そして学校の教師にも求めているものですが、何より親にこそ、強く求めているのです。

保護者に徹する

私が、世の親たちに第一義的に期待したいことがあります。

それは、子どもにとっての「保護者」の役割を全うしていただくことです。けっして「教育者」の真似《まね》をするのではありません。

教師や医師といった、みんなから「先生」と呼ばれる仕事をしている母親がいます。職場では「先生」と言われ、帰宅すると「お母さん」と呼ばれる人たちです。

大学病院の小児科で、非常勤の児童精神科医として働いていたころ、休息の時間に、医局などで、女医さんたちと雑談を楽しみました。

そして私はいつも、目の前の女医さんたちに、病院で「先生」と呼ばれている雰囲気のまま帰宅するのではなく、「ママ」とか「お母さん」と呼ばれるのにふさわしい気持ちをもって、お子さんのところに帰ってやってくださいと、よく話したものです。子どもが求めているのは教育者ではなく、保護者なのですから、と。

親の愛と保護を求めて

子どもは保護者に対し、「依存と反抗」を繰りかえしながら、自立に向かって発達し、成熟していきます。

乳児期からはじまって、幼児期、児童期、学童期、そして思春期、青年期と、どれほど安心して、親に、依存と反抗を繰りかえしてこられたかということが、そのあと、人間としての健全な社会的人格を成熟させていくことに、深くつながるのです。

子どもにかぎらず人間は、人を信じることによって、自分を信じられるようになります。自信をもって生きることは、人を信じながら生きることです。

そのためには、信じることのできる人に出会わなくてはなりません。子どもが、いちばん信じたがっているのは「親」です。それも、一部の例外を除けば、「母親」です。

子どもは、母親から自分がどれほど豊かに保護されているかということで、愛され方の大きさを実感し、信頼を深めていきます。生きる力の源泉です。

だからこそ、「子どもがピンチなときこそ、親の出番」なのです。自分がピンチのときの親の行動を見ることなどで、子どもは親の愛や保護の意味を問いかけているのです。

親ほど頼りになる人はいない

児童精神科医エリク・H・エリクソンは、子どもが人を信じ、自分を信じて生きる「基本的信頼」というもっとも人間的な感情こそ、生きる糧であると主張しました。そのとき、それがどのようにして子どもや人間の心に育《はぐく》まれるかということを、彼は当然、深く考えたことでしょう。

そして行き着いたところが、自分の力ではどうにも解決できないと思うような困難に直面したとき、その窮地から救ってくれる手を差し伸べる、愛情をもった人に出会うことだと、改めて、そう思い至ったのだといわれています。

乳児にとって、空腹になれば泣いて訴えることで、授乳が得られるのは、大きな安心です。お乳を口にふくむたび、母親への信頼と自分への自信のよりどころを、日々繰りかえしてたしかめ、積み重ねていくのです。

そのあとも子どもは、日々の生活のなかで、自分の能力では簡単に解決し得ない事態に、絶えず直面しながら、成長と発達を重ねていきます。

幼稚園や学校で先生に叱《しか》られる。

友だちにいじめられる。

思うように勉強ができない、などく。

自分の力ではどうにもならないと感じたとき、そのことをできるだけ安心して親に訴えたり、援助を求めたりできるように、平素から習慣づけておくことが大切です。

それは親に甘えるとか、自立できない、ということではありません。その逆といっていいでしょう。

どんな子どもでも、どんなに幼くても、プライドがありますから、自分の弱みや引け目を自ら表現しようとは思いません。まして、思春期になれば、いっそうだし、それが自尊心が傷つくほどのことだったら、さらに訴えたくないものです。

だからこそ、それができるようになるには、親の日ごろの態度がとても大切なのです。

事態が深刻で、困難がどんなに大きくても、親は不快感を示すのではなく、心配し、解決に力を注ぐのだということを、日々の生活のなかで、体と心を遣《つか》って、徹頭徹尾、伝えておくのです。

子どもにとって、親ほど、頼りになる人はいないのです。

自立に必要な依存と反抗

——甘えとわがままの意味——

親に甘えやわがままを充分に受けとめてもらうことで、自分は愛される価値のある子どもだと確信し、安心して自立への歩みがはじまります。

愛情の確認

子どもは幼いときから、依存と反抗、言葉をかえますと、「甘え」と「わがまま」を繰りかえしながら、自立していきます。

そして、子どもは幼いときほど、心から信頼できる人にしか、甘えやわがままを言いません。心の底から信じたいと思っている人にだけ、思いきり甘えたりわがままを言ったりして、自分への愛情をたしかめようとしています。

そうすることで、自分はこんなに愛される価値のある子どもなのだということを確認したいのです。この確信を得ることが、安心して生きていく意欲や力のもとになるからです。

依存症の人たち

私が精神科医として修業中だったころ、大学病院の外来や病棟で、何人もの依存症の患者さんたちに出会いました。そして、詳細な生育歴を聞くうちに、その人たちに共通した生い立ちの色彩があることを知りました。

当時はまだ「依存症」という表現はなく、アルコール中毒とかヒロポン中毒というぐあいに、「中毒症」という診断名が用いられていました。そんな人たちと会っているうち、特に幼少期に共通した問題があることに気がついたのです。

一口で言いますと、母親にやさしく育てられた機会に恵まれないまま、大きくなってきたということです。育ってきた家庭の貧富の差などよりも、母親がやさしかったかどうかの方が、決定的な意味をもっていました。

近年、中毒症という表現が消えて、依存症といわれるようになっていますが、依存という用語は、まさに本質を言い当てている言葉だと思います。

暴走族の若者たち

私は暴走族の若者たちと会うことが、しばしばあります。会っていくにつれ、彼らの生い立ちにも同様の問題があることを知りました。みんな、母親に安心してわがままを言ったり反抗したり充分にできないまま、大きくなってきた若者ばかりなのです。

その不足を、彼らは社会への反抗という形で表現しています。そこには当然、社会への甘えという意味もあることは疑いありません。つまり、彼らは依存と反抗、甘えとわがままを、大きくなってから社会に向かってやり直しているのです。

「アイデンティティ」という思春期、青年期の発達課題を初めて提唱したエリク・H・エリクソンは、こう言っています。「人間の発達や成長には順序があって、けっして飛び級のようなことはない」と。つまり、見せかけの前進はあるかもしれませんが、ある課題を果たさないままだと、必ずあとになって、それをやり直さなければならなくなる、ということです。

依存と反抗、甘えとわがまま

子どもは、自分が心の底から信頼して、安心して甘えられる母親に恵まれているということを、どんなに自分がわがままを言って反抗しても、その母親の愛情をけっして失わないということで、繰りかえし確認しようとします。そして充分に母親の愛情を感じることで、自分はこんなにも愛される価値のある存在だと徐々に実感し、安心と自信をもって自立への歩みをはじめます。

これが子どもの自然の姿です。母親の愛情をこんなにも求めているということを、愛《いと》おしい気持ちとともに、しっかり受けとめてやりたいものです。

このような過程を順調に歩めないとき、子どもたちはいろいろな発達上のサインをだして、私たちに教えようとします。それが指しゃぶりや夜尿などですから、よほど過度で頑固なものでないかぎり、神経質に矯正しようなどとせず、ゆったりした気持ちで受けとめてやらなくてはなりません。

大切なことはけっして叱《しか》らないこと。そんなサインをださざるをえなくなった子どもの気持ちを考えれば、叱責《しっせき》や強制がいかに逆効果かが、理解されると思います。

人間関係に意欲や喜びを

子どもにかぎらず人間は、自分が他者から愛され、大切にされている存在であると自覚することで、自信や意欲や希望をもって、活動できるようになります。

私たちが、学校で周囲の仲間や先生から、職場で同僚や上司から、どのように評価され愛されているか、そしてその結果、どんな気持ちでどのように活動することができるかを考えてみれば、よくわかることでしょう。

学校でも職場でも、そこの環境や人々にどれだけ安心して頼れるか、不安なく発言できるか、信頼（依存）と自己表現（主張）ができるかが、自分の「自立的な」存在を自覚し、実感するために不可欠なのです。そして、このような生き方の基盤が、じつに幼少期の育ち方にあり、それはそのあと何十年も、その習性をもちながら生き続けていくことになるほど、大きなものなのです。

この知見を、私は実証的な研究と臨床活動で高い評価を得ている、アメリカの乳幼児精神科医ブルース・D・ペリーの著作から得ました。

ペリーは「赤ちゃんが泣いて訴えることに何千回も応えてやることが、その子が大きくなったとき、周囲の人との人間関係に喜びを見いだす感情の基盤を育てることになる」と主張しました。

赤ちゃんの訴えに何千回も応えるやさしい親（特に母親）の愛情が、そのあと、充分な依存と反抗のなかで、その子のアイデンティティを育て、自立へと離陸させるエネルギーとなるのです。まわりの人間関係に不安や失望を感じ、その結果、ひきこもる人が百万人もいるといわれる私たち日本人が、じっくり傾聴しなくてはならない言葉だと、私は思います。

大切なのは、黙って見守ること

——親は教育者ではなく、保護者に——

子どもが自ら話しだすまでじっと見守り、
話しだしたら、気がすむまでじっくり聞いてあげること。
話を聞くことが子どもの依存欲求を満たします。

思春期は理想主義

あなたの思春期時代を思いだしてみてください。
十人十色といいながら、思春期の若者は総じて完全癖があり、理想主義者です。
自分がその思いからほど遠いことを自覚、実感して、いらだっています。自分の両親にも、その理想像的な姿を求める結果、程度の差はあれ、非難、嫌悪、失望を感じていることが普通です。

そのために、仲間や友人とは共感しあったり慰めあったりして、多くを語りあっていますが、親との会話になると、自分としてどうしても必要なこと以外は話さなくなるし、茶の間などでの雑談にのってくることが減ったり、なくなったりするのが普通で、正常なことなのです。

あなたはそうではありませんでしたか。

黙って聞き、見守る

横浜で二〇年くらい前のことでした。青少年の健全育成をめざす活動をしている人たちの依頼で、援助交際という「売春」をしている少女たちの相談にのったことがありました。

そのとき私の心をよぎったのは、精神科医として東京やバンクーバーで、研修や訓練を受けていた時代に先生や先輩たちから、よく言われていたことでした。「相手の話をよく聞くこと、上手に聞くこと、そうすれば必ず道は開ける」。

少女たちの話を、一人ひとりよく聞きました。

初めは私をとても警戒しています。彼女たちは親やまわりの大人をまったく信じていませんし、親を好きだと思っている子もたぶんいない。言葉の端々から、否定と軽蔑《けいべつ》の気持ちが伝わってきます。私に対しても、こんな人と会っても何もかわらない、という猜疑心《さいぎしん》が表情ににじみでています。そんな少女たちと向きあって三〇~四〇分、話を聞くのです。

話題は相手の好みにあわせることに徹しました。音楽にしろファッションにしろ、とにかく彼女たちが喜んで話してくれることに気遣《づか》い、心を配りました。実際、こちらが知らないことですから、「それはどんなこと?」などと教えてもらいながら聞いていくと、みんな生き〱と語ってくれます。

同時に、私も彼女たちの話を、心から楽しみながら聞くように努力をしました。若者の感情や文化を勉強しました。ちょうど同世代の息子が三人いましたので、彼らに教えを請いながら、彼女たちの話をよく聞きました。

興味、関心、感動、共感といった感情を抱くよう心がけながら聞いていれば、どんなに口の重い人たちも、そのうち話にのってくるんだと実感しながら、何カ月、ときには一年あまりにわたって話を聞き続けました。

そうして話に本気で耳を傾けているかぎり、必ず少女たちの方から、「売春」という行為について、私の意見を聞きたいという意味の問いかけをしてきました。

「私がしていること、先生、知っていますか」

彼女たちは、自分の行為について、けっして褒《ほ》められたものではないことを承知していながら、簡単には非難されたくないと思っているのです。しかし、この人からは、思いきり叱《しか》られてもいいと思えたときには、しっかり叱責《しっせき》されたいという気持ちになるのでしょう。悪いことは悪いのだと、批判され叱責《しっせき》されることを、むしろ求めてくるものなのです。

「先生、どう思う?」

「あなたのやっていることは悪いことだと、僕は思う。親だったら耐えがたく悲しいし、親でなくたって、僕は悲しい」、そう本気で答えたものでした。

忘れられない経験でした。こちらから意見がましいことは言わず、ただ相手の話を聞くことに徹する意味を教えられたと同時に、彼女たちはそういう人に出会えることを待っていたように、私には思えました。

意見する教育者より見守る保護者に

思春期の若者たちは、自分の話すことをしっかり聞いてくれる、そして心をこめて見守ってくれている親や大人たちを、ひたすら求めながら、日々迷い、苦悩しながら生きているのだということを、よく知らなければならないと思います。

大切なことは、彼らが本当に求めてくるまで、こちらの意見、特に批判や叱責《しっせき》をするようなことは、できるだけ控えること。そうでなければ、たいていの場合、怒りの感情をもって反発してくるからです。

最近の親子関係でもっとも欠けているのが、その子が何をしたがっているかを聞いてあげよう、わかってあげようという、親の姿勢です。子どもが自ら話しだすまでじっと見守り、話をしだしたら、気がすむまで本気でじっくり聞いてあげること。そうすることで、子どもは「自分のことを大切に思ってくれているんだ」と安心します。話を聞くことが、子どもの依存欲求を満たすことになるのです。

ちょうど今、居間で原稿を書いている私のわきで、テレビの番組が流れているのですが、居場所を失って深夜の繁華街をさまよう少女の話です。続いて、母親を足蹴《あしげ》にして骨折させてしまった少年の話です。

個々の背景や内容はわかりません。

しかし、この少女や少年のまわりに、自分を見守り、話を聞いてくれると思えるような大人は、一人もいなかったに違いありません。

子どもの幸せを望まない親はいません。しかし、そのとき「子どもは何を望んでいるのか」という問いを忘れないようにしたいと思います。

そして、幼少期から、子どもの話をよく聞く、意見を言うよりも見守る、受けいれる。親は教育者になるよりも保護者に徹する、ということの意味と重要性を、私たちはもっと噛みしめることが大切なのです。

思春期の反抗をどのように受けとめるか

――反抗、不登校を考える――

思春期の子どもの苦悩は、
価値観を共有できる友だちと乗りこえるのが自然です。
親は寄り添うよりも遠くから見守るのが効果的です。

人々に生かされている「自分」

人間の存在意味や価値は、「人間関係」のなかにあると説いたのは、ハリー・スタック・サリヴァンという精神医学者です。「人」や「人間」という漢字があらわす形や言葉の意味を見ても、それを考えた先人の賢明さに感動します。

私たちは日々、家族、友だち、近隣の人々、職場の上司や同僚など、さまざまな人と多様な関係をもちながら生きています。どのような人々とどのような関係を築き、そして維持しているかということが、すなわち、「自分」です。人間は一人ひとりが、自分の人間関係のなかに、「自分」が生かされていることを実感するのです。

とりわけその実感を大きくするのが、乳幼児期には親をはじめとする家族、学童期や思春期には友だち、成人になってからは近隣や職場の人々との関係です。

多様な友だちとの関係

思春期の友だちとの関係は、児童期、学童期、成人期といった、ライフサイクルのそのほかの時期における人間関係の営みや連鎖にくらべ、特別な意味があります。思春期には、人間は一人ひとりがほかの人と違って個性的で特別な存在であることを意識しはじめますが、その意識は友だちとの関係を通して形作られるところが大きいのです。「自分とはいったいどういう存在だろうか」と自覚することは、ほかの人との違いを知ることでもあります。また、将来への夢や希望を抱くことは、多様な友だちとの関係を通して「自分はこうありたい」というイメージを築くことによって可能になります。だから「他者がなければ自己はない」のです。

希望をもって生きるための苦悩

「思春期危機」という用語や概念があります。思春期に訪れる一種の心理的な危機状態は、誰もが経験するもので、それをくぐり抜けるための努力と悩みは思春期特有の美しい心理的混乱でもあります。自分の人間としての本質を見いだし、希望をもって生きていくための苦悩なのです。

思春期に抱く夢や希望は、より大きくより具体的に描きたいものですが、たいていは希望と現実にギャップがあります。その落差を埋めるために、試行錯誤を繰りかえし、苦悩もするのです。学校での部活動など、スポーツや文化的な活動の何かに没頭できるようになった子どもは、それだけ幸福です。しかし多くの場合、程度や種類は違っても、個性や能力をふくめて自分自身に満足できないでいるのが普通です。

思春期の子どもは、一種の欲求不満ややり場のない怒りの気持ちを常に抱いていることを、保護者や教育者は承知しておくべきだと思います。一方で、その満たされない気持ちが、努力や向上心の根源であることも知っておいてほしいことです。

反抗へは見守りの姿勢で

思春期の子どもは、ときにはいらだち、怒りやすくなりますが、その苦悩は価値観を共有できる友だちと共に乗りこえていくのがもっとも自然です。仲間が自分の考えや行動、あるいは能力や個性に対してどのような反応や評価をしてくれるかということを寄せ集めることで自分の内面が見えてくるのですから、自分を肯定的に評価し、認めてくれる気のあう仲間が必要なのです。そんなときに親や教師は、寄り添うよりも遠くから見守るようにするのが効果的です。

激しい反抗の態度には、正面から対応するのではなく、問いかけられたことにだけ、誠実に一生懸命に応えてください。過度に干渉して相手の気持ちに踏みこむのではなく、問いかけられてから、押しつけがましくならないように、本当に自分が思っていることを静かに伝えるのがよいのです。親は、待つ姿勢と、充分信頼しているという安心感と、さらには親も最善を尽くしてやっているのだという事実を子どもにどう伝えるのかということだと思います。相手がより反抗的になるようなことは絶対に避けてください。

子どもの不登校と親の生活スタイル

私はこれまで、学校に行かなくなった子どもに数多く出会ってきました。その心情は私には、「行かなくなる」というよりも「行けなくなる」という方が正しいように思えます。そしてその根底にあるのは、学業の問題よりも、人間関係を支える共感性の問題です。

家庭や学校での人間関係は、満員電車のなかや大都会の雑踏にある他者との関係とはまったく異なるもので、感情を共有しあうものです。家庭や学校では、家族や先生、級友と喜びや悲しみを共有しあう共感性のなかにいるのが普通です。子どもにかぎらず、人間関係はこの共感性がなければ成立しません。

不登校になった子どもは、その多くが、家庭の内外での人間関係に共感的な感情の深まりを実感する体験が乏しいように思います。その原因は、幼少期から親子一緒に親戚《しんせき》や友だちの家を親しく訪問しあったり、路地で友だちと遊んだり立ち話をしたりするような、気を許した交わりをする機会が減ったことが、大きいのではないかと思います。そのうえ私たちの多くは、少ない数の子どもと、親子二世代の核家族で生活しているのです。子どもたちは、親に付き添われて旅行したり遊園地で遊んだりすることは何度も経験していますが、親がいないところで他者と関わる経験は不足しているのです。

私は、不登校など、人間関係の場での不適応は、このような家族の生活スタイルが大きな一因だと考えています。親が気楽に生きようと考えて、家庭の内外で他者と深く付きあわず、共感的な関係をもたないことで、子どもたちは思春期の苦悩を共感し乗りこえる仲間とも交わりにくくなっているのです。

なぜ子どもは思春期につまずくのか

―「自分」を探し求めて―

自分の希望や願望と、
他者の評価との差を埋めあわせる生き様が、
苦悩、混乱、努力に象徴される思春期の実体です。

存在意味、価値を見いだす時期

健康で幸福なライフスタイルのモデルを熟考した、精神分析家のエリク・H・エリクソンは、一二歳ごろからはじまる思春期に解決しなくてはならない発達心理的な課題を、「アイデンティティ」という概念で説明しました。

思春期の子どもたちは、心のなかに描いた将来の夢や希望を実現するために、しっかりした助走をはじめることに憧《あこが》れを抱きます。この気持ちには、自分のやりたいことをめざすという欲求ばかりでなく、社会のために自分の役割を果たしたいという意欲もふくまれています。

人間の健全な気持ちには、自分が生まれてきた「意味」を知りたいという感情や、自分が生きていく「価値」を実感したいという強い願望が、静かに息づいているものだからです。

しかし、そういう自分の意味や価値は、人間関係を通してしか見いだしたり、実感したりできません。自分のなかにどんなに優れているものが芽生えたり、存在したりしているように思えても、よい人間関係に恵まれなければ、それは失われたままなのです。

若者にかぎらず人間は、自分の存在意味や存在価値を、親しい人や、憧《あこが》れ尊敬の対象になる人によって、根づかされていきます。いつの時代でもそうですが、個人的な能力がどんなにあっても、周囲の人々との関係に充分満足することができず、さまざまに思い惑い悩むことが、大きく深い時期こそ思春期なのです。

価値観を共有しあえる友だち

思春期は突然やってくるものではなく、学童期に次いで、連続的に訪れます。それぞれの時期の精神心理的な健康や安定に、不可欠なものは友だちです。小学校時代には、個性やタイプの違う友だちに、数多く恵まれることが大切です。いろいろな言動を示す多様な友だちから、さまざまなことを教えられ、同時に教えかえすことを繰りかえして日々を送ることが、大人になったときに、社会的勤勉に生きていくための潜在的な準備力を育《はぐく》むことを、エリクソンは実証的に確認しました。

思春期でも、絶対的に必要になるのが友だちです。しかし、多様なタイプの友だちではありません。思春期をより円滑に迎えるために必要なのは、「価値観」を共有できる友だちです。多少大げさな言い方をしますと、思想、信条、主義、主張、趣味を交換しあえる、いうならば「話があう」友だちなのです。

思春期になると、話があう仲間としか友だちになれなくなってしまいます。「類は友を呼ぶ」というように、互いに友だちや相手を選びあって仲間になることで、安定した思春期はもたらされます。だからこの時期の少年や少女は学校やクラブやサークルの活動に熱中するのです。

思春期は、学童期と違って、かぎられた友だちや仲間と深く交わりあうのが自然な形態で、それが精神心理的な安定に結びつきやすいのです。気があう友だちとの交流は、自身の人間性を互いに自覚し、さらに強固に形成してくれます。そうした深い交わりを通して、共感や尊敬の対象となる人を求め、確認しあっていくことが、アイデンティティの形成に役立つのです。

アイデンティティのモデルを求めて

思春期はつまずきやすい時期だといわれます。誰もがさまざまに思い惑う、悩み多い人生の季節であり、自分という「人間探し」にさまよう季節です。それは、この時期の人間なら誰も未成熟で未完成なのに、何かたしかなものを自分のなかに求めて、未来を見据えようとするからです。

本来は、自分が満足できる友だちや、憧《あこが》れを抱くことができる先生、尊敬できる人々に出会えただけで、円滑に通り過ぎていくことができる季節です。現存する人だけでなく、未来や過去の人であってもかまいません、とにかく自分の未来の「お手本」だとしっかり実感できたりイメージできたりする人物に行き当たることができれば、それだけで安心できるのです。

しかし、私たちは今、世界有数の、人間関係を希薄にしてしまった国で生きている存在です。学校での生徒間のいじめが世界でもっとも深刻な国であり、大人たちも近隣と親しい人間関係を営まず、地域社会を失った国でもあります。それだけアイデンティティを確立するために必要な人をイメージすることが難しい国に生きているから、充分満足できるほどの友だちや先生に出会えなかったという実感しかもてない少年や少女、そして若者たちが多いのです。

主観と客観の世界、その対峙《たいじ》

思春期は、自分で自分を客観的に見つめようとする時期です。幼児期のように、自分はどんな人間にでもなれるという、主観的な自己満足の世界には、もはや生きられません。

幼稚園のころは、大人になったら、新幹線の運転士やサッカー選手、あるいはケーキ屋さんや花屋さんになれると思いこむことができました。しかし、思春期では、自分自身を他者の目で見つめる生き方をしなくてはなりません。自分の内面に育ち、成熟、発達してきているものを探し当てながら、他者の目による評価とあわせて、自分で自己の客観的評価をしあげなくてはなりません。

　このアイデンティティ形成過程の不安や苦悩が、思春期のつまずきであり、混乱なのです。自分が自分に寄せる希望や願望と、他者の評価による差や乖離《かいり》を埋めあわせる生き様が、苦悩、混乱、努力で象徴される思春期の実体です。やりたいこととやれること、なりたいものとなれるものの間にある葛藤《かっとう》こそ、普通で正常な思春期の姿であり、それは誰もが程度の差こそあれ、通り過ぎなくてはならない思春期を生きる営みなのです。

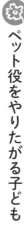

大人になることを恐れないで
―そのために子ども時代に大切なこと―

大切に育てられてきたという記憶や実感が、
自己肯定の気持ちを大きくし、
大人になることへの積極的な気持ちの淵源《えんげん》になります。

ペット役をやりたがる子ども

かつて子どもたちは、誰もが早く大人になりたいと思っていたのです。日々の遊びでも、みんなが大人の役をやりたがったものです。

家庭でも地域でも、大人たちは大きな能力や権限をもっていて、子どもたちの憧《あこが》れでした。だから、子どもたちはままごと遊びをするときなど、女の子はこぞって母親役をやりたがりましたし、男の子は父親役を望みました。そうでなければ電車の運転士やお菓子屋さんの店主など、大人の役でした。

そんな、ままごと遊びで見せる子どもたちの希望や行動に、顕著な違いがではじめたのは、今から二〇年以上も前のことです。女の子が母親役をやりたがらなくなりました。そして、男の子も女の子も、ペット役をやりたがるようになりました。「自立に必要な依存と反抗」の章で、子どもが自立していくためには、依存と反抗を充分に体験することが必要だと書きましたが、ままごと遊びでペット役をやりたがるのは、この依存体験への強い憧《あこが》れがあるからです。そんな希望が多いのは、それだけ依存体験が不足している子どもたちが多いからなのかもしれません。

健全な大人へと成長していくためには、依存と反抗は、避けて通ることができない必須の要件です。その依存と反抗、甘えとわがままの経験が、大人になることを恐れないために何より不可欠なものなのです。

大人になる前提とは

大人になることを恐れない……このテーマで、私が思いだすのは、作詞家で文筆家であった阿久悠さんが新聞に書いた、エッセイのような文章です。

阿久さんは、子ども時代にやっておかなければならないことを全部すませてからでないと、しっかりした大人になることはできないと、書いていました。阿久さんの優れた直感は、現在やっと明らかになってきた児童精神領域の本質を、ものの見事に言い当てていま す。

思春期や青年期を迎えてから、しっかりした大人になろうと気持ちをひきしめ、いくらそのように努力をしても、簡単に「しっかりした大人」になれるものではありません。子ども時代にやるべきことをちゃんと経験しておくことが、大人になる前提なのです。

夜の帰宅が遅くなったとき、渋谷駅界隈《かいわい》を歩きながら出会う少女たちの群れや姿に、私は少年時代、それも小学生時代に、友だちと群れて、地域で夕方、暗くなるまでメンコやビー玉、陣取りや三角ベースの野球などで遊んでいた思い出を、つい重ねあわせてしまいます。あの少女たちは、私が小学生時代、家庭や学校や地域社会で仲間と群れをなして遊び、喜びを分かちあっていたことを、高校生になってやっているのだという思いになるのです。

親や大人から大切にされてきたか

児童青年精神医学の臨床者として、診療や相談を通じて、私はさまざまな経験をしてきました。十代なかごろで結婚を前提としない妊娠と、その結果生まれたわが子を育児放棄したり、虐待を繰りかえしたりする若者に、何人も出会ってきました。ひきこもりや万引き常習の若者にも数多く出会ってきました。横浜市の青少年問題協議会の委員をしていたときには、援助交際をしていた少女にもたくさん会いました。

彼ら彼女たちは、大人になる道筋をうまく歩めないで苦しんでいる若者たちです。大人になりたくない、そう全身で訴えています。

子どもが思春期、青年期を経て、乗りこえがたい困難に直面することもなく、大人になっていく過程には、親やまわりの大人たちから、丁寧《ていねい》に大切に育てられたという実感が前提として必要です。

京都大学大学院の木原雅子先生が全国の高校生を対象にした研究結果でも、親から大切に育てられたと実感している生徒や、自分のことを大切にしてくれる大人がいると回答を寄せた高校生は、そうでない生徒にくらべて、大人になる準備の気持ちが明らかに育っています。

私が以前勤務していた大学の博士課程で、優れた研究成果を発表されている鍵小野美和先生にも、多くのことを教えられました。その一つは彼女がおこなった日本と中国の大学生の比較研究で、それによると、乳幼児期に覚えた母親の匂いや声や添い寝のことなどを、今も鮮明に記憶していると答える学生ほど、自尊心や自己肯定感がしっかりしていて、人生への意欲や将来への夢や希望が大きい、というのです。

大学生が乳児期や早期幼児期の母親に対する具体的な記憶を呼び戻そうとするには、なんらかの心理的操作が必要です。そのとき自分の母親に対する肯定的な愛着の感情をもつ学生ほど、記憶を呼び戻すための自然な心理過程が豊かに機能したのだと考えられます。母親から大切に育てられてきた記憶や実感が、自己肯定の気持ちを大きくして、将来の夢や希望を大きくするのです。

そして、その感情こそが健全な大人になるための意欲を支えることになっているばかりか、大人になることを恐れないし、大人になることへの積極的な気持ちの淵源《えんげん》になっているのです。

憧《あこが》れのモデル

もし私たちが早く大人になりたいと思うとき、その感情の背景には、意識するしないに関わらず、なりたい人のモデル（憧《あこが》れの大人）のいることが多いでしょう。

その大人は誰ですか。親ですか。先生ですか。読んだ本などにでてきた人物ですか。歴史上の人物でしょうか。

そういう大人につながる感情の発達こそ、恐れや躊躇《ちゅうちょ》なく大人になっていく道筋を先導してくれるものなのです。

離婚を子どもに伝えるとき
――幼い子どもにも正直な気持ちを話す――

子どもが思春期を迎え、成長していくとき、
幼少期に聞いた母親の正直な言葉が、
大きな意味や価値をもちます。

子どもが幼くても包み隠さず

子どもや家族の精神保健の臨床の仕事にとりくんできたこの半世紀ほどの間に、両親が離婚することになってしまった悲しい状況に何度も立ち会ってきました。

それぞれのご夫婦には固有の事情がありますから、離婚を子どもに伝えるとき、それぞ

れ違った伝え方があるのは当然です。しかも、離婚の事情に加えて、両親はそれぞれ違った人間的な個性や特性をおもちですから、このような問題をひとまとめにして一様に語ることは無理というよりも、無謀です。

けれども、基本的に共通して心がけるべき大切なことがあります。

まず何よりも重要なことは、子どもの年齢がどんなに小さく幼くても、お母さんは自分の気持ちを「正直に」伝える、ということです。

自分に至らない、負い目を感じるようなことがあっても、その気持ちをふくめて、できるだけ正直に、気持ちの通りに語ること。何年か経《た》って、子どもが大きくなってから、そのことを語りあわなくてはならないようなことが起こったとき、正直に話していたために救われることは、想像以上に多くあります。

それだけでなく、子どもにとっても、自分の母親が大切な苦しい問題で、母親自身の負い目になるような事実まで包み隠さず話してくれたのだという思いや経験は、大きくなればなるほど、母親への信頼感が増すことにつながります。

子どもが思春期を迎えたり、それ以上に成長したりするとき、幼少期に聞いた母親の正直な胸の内の言葉が、大きな意味や価値をもつものであることを、私は過去に何度も感動的に教えられてきました。

父親を悪く言わない

離婚をすることになった夫については、あまり悪いことを言いすぎないようにしましょう。

両親が離婚することになっても、子どもにとって、夫は父親です。かけがえのない存在ですから、夫のことを悪く言いすぎることは、それがたとえ事実であっても、想像以上に子どもの心を傷つけることになってしまうのです。

どんな子どもでも、父親との「よい思い出」を心のなかに、しっかり残しています。その父親（夫）の悪口を言いすぎると、母親への嫌悪感を抱かせてしまうことさえあるのです。

父親についてあまり語らなくても、子どもたちはみんな、私たちが思いもよらないほど、去っていった父親への豊かな思いを胸に抱いています。そしてどんなに幼くても、母親への心遣《づか》いもあって、父親との思い出を胸に秘めたまま、それぞれがいろいろな程度に耐えているものです。そういう子どもの気持ちへの配慮を、たとえ言葉にしなくても、しっかり維持し続けること、それが母親の責務だと、私は思います。

パパの夢を見た

近年の傾向ですが、子どものそんな気持ちを思いやり、適宜、あるいはかなり自由に、子どもが離婚した両親の間を行き来することができる仕組みを考えて、両親は互いに、それぞれの暮らしをしているという人たちも増えてきました。

いずれにせよ、離婚とは、両親の側の身勝手な行為ですから、子どもに対しては、二人ともある程度の負い目を抱きながら、そのあとの生活を営んでほしいと思います。

もちろん、過度の負い目は、母親にとっても子どもにとっても、けっして幸福な心理的効果をもたらすものではありません。できるだけ早く、そして充分な気持ちの整理をして、新たな生活に向きあってほしいと思います。

そんな生活のなかで、ときには、あるいはしばしば、子どもは別れていった父親の夢を見るものです。そして「パパの夢を見たよ」と気軽に言える子どももいますが、大多数の子どもは、母親の気持ちを思いやって、そのことを口にだせません。

ですから、母親の方から、本当かどうかは別として、ときどき「ゆうべパパの夢を見たの」と話してやることは、そのあとの母子関係をふくめて、思いのほか、子どもの気持ちを楽にしてやることができます。

繰りかえしになりますが、けっして、父親の悪口は言わないでください。母親が別れた夫に抱いている感情と、子どもが父親に抱いている感情は、一致していないことが多いのです。ですから、母親が父親のことを悪く言えば言うほど、子どもは母親に悪い感情を抱きやすく、その反作用のように、父親への好感を強くしていくことさえあります。

離婚したあとは、子どもの前で父親のことをあまり話題にしないのが普通でしょうが、話題にするなら、悪口でなく、善意をもちながらの話、たとえば楽しかった思い出の一部を控えめに語ることが、そのあとの子どもの情緒の安定した発達に、よい効果をもたらします。

そして、もう一つ大切なこと。それは「一人だけでがんばって子どもを育てようとは思わないこと」です。子育ての大事なポイントは、いろいろな人の手を借りて子どもを育てることです。親だけでは子どもの育ちに必要なものを与えることができません。

両親そろっている家庭でも共通することですが、祖父母や近所の知人、友人、また保育園や地域の子育て支援ネットワークの人たちなど、母親が日ごろ信頼関係を築いている環《わ》のなかで、質の違う愛情を重層的に与えられた子どもは、幅のある人格をもち、豊かな社会性や協調性をもつことができるようになります。

ですから、離婚後は、周囲にいる人たちとの関係を、これまで以上に密にするように心がけてください。これも、子どもたちから何度も教えられてきたことです。

母子家庭、父子家庭で大切なこと

―家庭は健康に幸福に生きるためのよりどころ―

母子家庭、父子家庭ということを過度に気にせず、子どもの要求にできるだけ応えてやりましょう。適度な甘えとわがままが許される場が家庭です。

家庭はくつろぎの場

子どもにかぎらず大人も、人間は誰もが、社会において秩序を保ち、他者を理解しながら関わりあうことを運命づけられています。しかし同時に、社会的な関係を逃れて、家族同士の気の置けない関係のなかでくつろぐことを、心の底から求めているのも事実です。

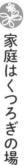

私たちは「社会的な存在」と「家族との関係」の間でバランスをとりながら暮らしているのです。

私は、不登校、ひきこもり、非行、犯罪など、非社会的な、あるいは反社会的な生き方に陥ってしまう子どもや大人たちに、数多く出会ってきました。彼ら、彼女らに共通しているのは、幼少期から家庭が充分なくつろぎの場になっていないということです。

それが「社会性」というものを、年齢相応に身につけていくことの妨げとなっているのです。家庭のなかでの人間関係が満たされていないゆえ、保育園、幼稚園、学校、地域社会などの各場面で、人間関係を営む力が成熟していないのです。

家庭という場所が、子どもにとって、また家族みんなにとってもくつろげる場所であれば、社会性は成長とともに身についていくでしょう。

では、父と母の両方の役割を引き受けなければならない一人親は、どのようなことを意識して子育てにとりくめばよいのでしょうか?

母性と父性の違い

母性と父性については、初めの章「母性とは、父性とは」でもとりあげました。「子どもの言うことや気持ちをよく聞いてやる」のが母性で、「こちらの言うことをよく聞く子にする」のが父性です。家庭によっては父性の強い母親もいますし、母性の豊かな父親もいます。

男女に関係なく、この両性の機能を豊かに持ちあわせている人はいますから、親が一人でも充分な育児は可能です。たとえ両親がそろっていても、親の気質によっては不充分で不適切な子育てしかできない場合もあります。

母性と父性は、子どもが健康に成長、発達していくために、家庭のなかはもとより、学校や社会にでても、絶えず強く求められ続けているものです。

これまでの長い臨床経験のなかで、そのことを明確に教えられてきました。しかも、母子家庭だから母性が充分に働いているというわけではありませんし、父子家庭だからその反対だというものでもないのです。

私の経験では、母子家庭には、むしろ母性的な雰囲気が乏しいことがありがちです。わが子と向きあうときの母親には、子どもが求める母親よりも、一人親だからと意気ごむあまりの、指示や命令の多い、父性の要素が表面にでがちです。

私たちは、自分の国を母国と呼びます。そのほか母校、母国語、母船、母港など、広く

「母」の文字を用います。母性は心の大きなよりどころ、というイメージを抱いているのです。

私たちは家庭で母性に守られているからこそ、学校や社会や外国など、家庭の外でもそれぞれが自信をもって活動していくことができるのです。

過保護や甘やかしは家庭的である証拠

母子家庭でも父子家庭でも、家庭で不可欠なことは何かと問われれば、私は迷わず母性をあげます。家庭の外では許されないことが許され、認められないことが認められるということです。家族から、たとえ注意を受けたり、小言を言われたりするようなことがあっても、結局は許され、認められるという環境です。

家庭とは、学校や幼稚園などのように、ほかの子どもと比較されるようなことはなく、ありのままの自分が受けいれられ、愛されるところです。大好きな食事やおやつが日々特別に用意され、サイズや色合いなどを考えた衣服や履き物が買い与えられるところです。

過保護や甘やかしという言葉は、家庭のなかでの出来事や育てられ方について、用いられる表現です。そしてそれこそが、じつは「家庭的」なことなのです。

単にものを買い与えるのではなく、親として母性を存分に生かし、子どもの心身に必要なものを与える、そうやって日々の生活を送っていくことがもっとも大切なことなのです。

親が豊かな人間関係を築く

子どもは、幼少期から家庭で依存と反抗を繰りかえしながら、それぞれが自立に向かって、成長と発達の過程を歩んでいきます。この基本的な事実は、母子家庭でも父子家庭でも、あるいは両親がそろっている家庭でも、同じことです。

ですから、母子家庭だから、あるいは父子家庭だからということを過度に気にしないで、子どもの要求にできるだけ応えてあげましょう。適度な甘えとわがままが許される場が家庭だということを信じて、子どもの育ちを見守ってください。

そして、親が一人で子どもを育ててあげるという意識ではなく、祖父母や友だち、地域の人、親戚《しんせき》などとの交流を深めながら、豊かな人間関係のなかで育てていくことを心がけましょう。現代社会では、それぞれの家族が孤立する状況が生まれてしまいがちです。お母さんやお父さんたちは、意識的に多くの人と触れあう環境を作るようにしてください。大勢の人がいるからこそ、子どもは自分のすべてを受けいれてくれる親の母性を、大切に感じることができるのです。

蛇足になるかもしれませんが、ひきこもりや非行などは、社会的な人間関係が成立する過程で起こる問題です。そしてその前提として、家庭内の人間関係の歪《ゆが》みがあることを、私たちは再認識しなければならないのです。

自閉症スペクトラムの子どもに寄せて①

―よき理解者の必要性―

脳の機能が偏った働きをしているという自閉症の特性への理解と心遣《づか》いがないと、安定した発達や適応はきわめて困難です。

脳の機能の偏り

近年、自閉症と呼ばれる子どもたちが増えています。言葉の遅れや、ほかの人との意思疎通がうまくできない、一つの行動を繰りかえしておこなう、などの特徴があります。自閉症は症例が多彩で、それぞれの間にははっきりとした壁がなく、境界があいまいであることから、それらをまとめて広汎性《こうはんせい》発達障害（自閉症スペクトラム）と呼びます。

自閉症スペクトラムの人たちは、長い歳月にわたって、誤解や無理解のなかに置かれてきました。親が拒否や攻撃の感情をもって育てたために、心を閉ざしてしまったのだとする、主にヨーロッパ系の精神分析家による誤解が、世界の心理学や精神医学の臨床者によって信じられていた時代がありました。そのため、あくまでも受容的に接すれば、やがてそれだけで子どもは心を開いてくれるに違いないと、治癒を目的にした治療がおこなわれていました。

しかし半世紀以上にも及ぶ研究者や臨床者の経験は、自閉症がそのような心因性のものではなく、脳の機能的な特性によるものであることを、解き明かしてきました。

今日、自閉症は発達障害の一種とされていますが、単に発達が遅れているのではなく、広汎《こうはん》な領域にわたって、脳の機能が不均衡な偏りをもって働いているということがわかってきました。さらにそのことを裏づけるように、知的障害や言語障害のない高機能自閉症の当事者たちが、自らの神経心理的な実感や体験を語るようになり、実際のありようが、よく理解されるようになりました。

優れた能力を発揮

自閉症スペクトラムの人たちは、視覚的なことや具体的なこと、あるいは規則や法則がはっきりしていることを扱うのに、優れた能力をもっていることが普通です。

その反面、相手の気持ちのように、見えないものに想像力を働かせて思いやるようなことは苦手です。場の空気が読めなかったり、冗談や比喩《ひゆ》がわからなかったりすることが多く、友だち関係や集団への適応には、いつも大きな混乱やとまどいを感じています。幼稚園や保育園で鬼ごっこやかくれんぼの遊びに興じることはありません。

一方で、幼少期から文字を覚えるのが早い子どもも少なくありません。ジグソーパズルやブロック遊びも上手で、早くから恐竜や鉄道などの図鑑に興味を示し、視覚的、具体的な知識や記憶力に頭角をあらわす子どももいます。

一度に一つのことに集中

こういう子どもは一般に、狭い範囲に強い関心、興味、認識を示すことが多く、一芸に秀でたり、高度な専門家や研究者になる資質をもっていますが、同時に複数の情報を処理したり、機能を発揮することが苦手です。そのため、トランポリンで跳びはねることは得意でも、手足を同時に働かせる縄跳びは下手です。教科書を読んで知識をもつことは得意なのに、話し言葉による講義を聴き続けることや、受講しながらノートをとることが非常に困難だ、という人は少なくありません。

また、遊び、学習、仕事など、何事にも、一度に一つのことに集中してとりくむ性質があることと、想像力を用いながら活動することが苦手だという特性があります。そのため、自由時間の過ごし方がわかりにくくて、幼稚園や学校では決められた課題のある授業時間よりも、休み時間の方に苦痛や混乱を示しがちです。自閉症の子どもをよく知る先生のなかには、自由時間の楽しい過ごし方を教えることに精をだす人もいます。成長してから自由という概念がわからないと語る人も少なくありません。

そして、予期しないことが起きたときの当惑や苦痛も一般の人にくらべると大きく、生活や学習の場にはスケジュールを予告しておくことが、安定した適応のために必要です。一般に、習慣的でないことは好まず、学校の行事などには不適応を示すことが少なくありません。

互いの文化と世界

このような特性から、自閉症スペクトラムの人は、幼少期ほど、周囲で起きていることの意味を適切に理解できず、自分で訴えたいことも適切に表現できません。そのうえ、状況がどのように推移していくのか、想像して見通しを立てることもできないのです。

英国の著名な心理学者パトリシア・ハウリンは、「この子たちを、この人たちを理解して育て、寄り添いたい」と言います。また、同じ英国の精神科医で自らが自閉症の娘をもつ母親でもあるローナ・ウィングは、著書のなかで語ります。「私たち一般の人から、自閉症スペクトラムの人たちの世界に近づき入っていって、私たちが意味づける時間や空間、すなわち一般の世界や文化に入ってくる道筋を、一人ひとり手をとるように丁寧《ていねい》に示してやることが必要です」と。世界的に高名な自閉症の研究者で、母親でもある人の見事な解説です。相手への充分な理解と心遣《づか》いなしに、こちらの言うことを理解しなさいというやり方では、自閉症スペクトラムの人が、安定した発達や適応をしていくことはきわめて困難なのです。

否定ではなく肯定で

自閉症スペクトラムの人が、情緒的に不安定な状態でいるときには、周囲に必ず口数の多い人がいます。子どもたちは、話し言葉のように見えない情報を数多く浴びせられることに、恐れを抱いています。しかも一度にあれこれ数多くのことを言われることは、ひどく苦痛だと言います。さらに、「何をしなさい」と肯定的に言われるのはいいのですが、「何をしてはいけない」と否定的な表現で聞かされると、何をすればよいのかがわからなくなり、混乱に陥るのです。

よい理解者に恵まれて、適切な養育や教育を受け続けるのと、その反対とでは、人生の幸、不幸は決定的です。次の章では自閉症の子どもへの具体的な接し方についてお話しします。

自閉症スペクトラムの子どもに寄せて②

——特性にあわせた生活シナリオを——

具体的、視覚的で規則が明確な世界を好むので、短く具体的な言葉で、絵なども用いて明瞭《めいりょう》に伝え、毎日の生活シナリオを作りましょう。

前の章では、自閉症スペクトラムの人たちの基本的な特性について書きました。この章では、具体的に小学生と大学生の例をあげて、より理解を深めてみたいと思います。

この二例は、子どもたちとのコミュニケーションの回復を求める活動をおこなってきた、私の家族がもつホームページ「ぶどうの木」の掲示板に書きこまれた文章や、直接手紙で寄せられた意見、自主勉強会「佐々木正美教室」に出席した当事者の発言からまとめたものです。

自閉症と自覚して楽になった

偏差値が非常に高い大学生の例です。大学の教授のすすめで、ある専門家のクリニックを訪問して、自分がアスペルガー症候群という、高知能で言語機能もよい状態の自閉症であることを知ったそうです。診断にショックを受けるよりも、子どものころから現在までの生きにくさの理由がわかってほっとしたといいます。

たとえば、高校時代、クラスの仲間たちが、話し言葉の多い授業を、四〇分以上も集中して聴くことができ、しかも理解し続けている、ということが不思議だったといいます。そのうえ、講義を聴きながらノートをとるという、同時総合的なことになると、自分はまったくできなくなってしまうので、大きな劣等感をもっていたのです。しかし、診断されて、できないことは、できなくてもしかたがないのだと、気持ちが楽になったそうです。

学内より全国で高得点

また、自分はほかの生徒よりも、文字や本を読む能力は優れていて、読む速さばかりか、その内容の記憶力もよいということを自負しており、教科書だけでなく参考書もよく読んで、内容を記憶して、試験に役立てたというのです。

学校の先生の授業を追いかけるよりも、教科書や参考書で学ぶ方が得意ですから、高校時代は学内試験の出来はよくないのに、学外の全国一斉試験では、いつも上位一〇％以内に入るほどの成績をとっていたといいます。

本の文字から視覚的に入ってきた情報や知識は正確に記憶されるため、そういった知識を広く試される試験は非常によくできるというのです。そのために先生からは、「お前は学校の勉強や試験をバカにしている」と、いつも叱《しか》られていたのですが、偏差値が国内で一、二を争うような大学に、見事に入学したのです。

このように得意、不得意の落差が大きく、さまざまな場面でこのような現象が起きるのが、自閉症スペクトラムの特性なのです。

比喩《ひゆ》や冗談はだめ

同じようなことを、やはり高機能の自閉症の小学生でも見てみましょう。

学校の勉強で、漢字の書き取りや算数の計算問題などに、非常に優れた能力をもっている児童がいます。あるとき、父親がその少年に向かって、「空気が読めるようになりなさい」と諭したそうです。ところがそれを聞いた少年は驚きました。父親の頭がおかしくなったと思ったようです。すぐに父親に向かって、「お父さん、空気は読んではいけません。吸いなさい」と言い、さらに「読むのは字です」ともつけ加えたのです。

このように、自閉症スペクトラムの子どもは、何でも字義どおりに理解してしまいます。比喩《ひゆ》や冗談は通じにくく、視覚的、具体的、規則や法則が明確な世界が好きなのです。

「やめなさい」から「やりましょう」へ

家庭でも学校でも、自閉症の子どもには、短い具体的な言葉で、できるだけ肯定的な内容にして伝えるという心遣《づか》いをすると、コミュニケーションがうまくいきます。何かを、そのようにしてはいけないという言い方ではなく、このようにするのがよいという伝え方をしてあげるのです。

幼稚園や保育園でも、経験豊かな保育者は、「水遊びはもうやめなさい」と言うのではなく、「砂場で遊ぼう」とか、「部屋に入ってブロック遊びをしよう」というように伝えるのがよいとよく知っています。それも必要に応じて、絵や写真などの視覚的情報を用いて、明瞭《めいりょう》に伝えるのがよりよいのです。

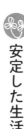

安定した生活シナリオを

自閉症の子どもや人たちが、安定した状態で生活や学習をしている場合は、たいてい基本的な習慣をもとにした生活シナリオが、しっかりできているものです。ですから、生活の習慣にしやすいことから、順次身についていくように教え、徐々に豊富で複雑な内容の生活シナリオにしてあげるのがよいと思います。

たとえば、起床、朝食、登校、給食、着替え、下校、夕食、宿題、入浴、就寝、などの時間を決めます。その間に、その子の能力や個性にあわせた、洗濯物干し、掃除、買い物などのお手伝いや、お絵かき、プールなどの遊びや趣味の時間を作ってあげて、毎日繰りかえし実行できるように導いてあげます。

場当たり的な思いつきの多い指導や教育はもちろんのこと、「早く」と急《せ》かせるのも禁物です。

親や先生がこのような理解のもとに接しないと、自閉症の子どもたちは不安や困惑した状態に陥りやすくなります。

そして、自分の殻に閉じこもるような態度をとるようになります。やがて、硬直した、儀式的なシナリオを自ら作ってそのなかに自閉的に身を沈めることで、最低限度の安らぎを得ようとします。しかし、それもできなくなると、激しい自傷行為と不眠を伴った、ひどい混乱状態に陥ってしまうのです。

発達障害と司法

——隔離ではなく理解を——

発達障害の子どもから環境にあわせることは困難ですが、周囲が理解して受けいれれば、規則や習慣をよく守る、穏やかな生活を送れます。

求刑を上まわる懲役

二〇一二年、大阪地裁で、四二歳の男性が姉を刺殺した事件の裁判員裁判がありました。

事件後、その男性は発達障害の一つで、高い能力をもち、自由に話すこともできる「アスペルガー症候群」だとわかりました。

その判決に、私は大きな衝撃を受けました。「社会に受け皿がない」という理由で、懲役一六年の求刑を上まわる懲役二〇年に処すると言い渡されたからです。再犯の恐れが大きいので、許されるかぎり長く社会から隔離しておこうという判決だったのです。

さらに、この判決が裁判員裁判によってなされたことが、私には非常に「象徴的」なことと思われ、いっそう衝撃は深くなりました。裁判官ではなく、より一般的な社会人としての感覚でなされた判決がこうなのだと思えたからです。

しかし、これは悲しい「誤解」ではなく、あまりにも大きな「無理解」です。裁判員の方に聞きますが、一般人に再犯の恐れはないのでしょうか。なぜ発達障害の人に再犯の恐れが大きいと想定するのでしょうか。

発達障害の人は真っ正直

私は児童、青年、家庭の精神科医です。職業柄、アスペルガー症候群といわれる人もふくめ、これまでに数多くの発達障害の子どもや人々と出会い、交わりをもってきました。

一歳半や三歳児の健診にも、定期的に三〇年あまり関与して、発達障害の子どもたちと出会い、家族、特に母親と協力しあいながら、診療や相談に携わってきました。その過程で、発達障害の子どもや人々の特性や本質を、さまざまに教えられました。

本来、この人たちは、けっしてこのような事件や犯罪を引き起こしやすいわけではありません。むしろ、生真面目で、うらおもてがなく、決まり事をきちんと守る人たちです。想像力が働きにくいという特性をもつ「真っ正直」な人たちなのです。

私たちは想像力が働くために、相手の気持ちを思い、また周囲の人々の考えに調和しようとするために、適度に本音を隠し、場の空気を読みながら、人間関係に適応していきます。しかし、発達障害の人は、空気を読むことがさまざまに困難です。その結果、悪意はまったくないのに、身勝手な言動を示す人だと、周囲から誤解されがちです。

この男性も、小学校五年生のときから不登校に陥り、そのまま約三〇年もひきこもりの状態にあったということです。

理解者に恵まれなければ

発達障害の子どもも大人も、周囲に理解者を得なければ、安定した適応はできません。

特性にしろ、障害にしろ、自分のことをよく理解してくれる人たちのなかでしか、安心して行動がとれないのです。そのために、できるだけ早期から、正しく適切な診断、評価、理解がなされた環境で育てられることが何より大切で、そんな環境以外では、持ちあわせている能力を存分に発揮して生きていくことができません。

ですから、乳幼児健診や就学時健診などが適切になされることが、非常に大切になります。また、幼稚園や保育園にあがれば、親は自分の子がほかの子どもと行動などが違っていると気づくことが多いと思いますから、そのころから専門家と連携しながら、適切な養育をしていけば、本来の優れた能力を発揮しながら成長や発達をしていくことが、間違いなくできるのです。

発達障害は治すものではない

アスペルガー症候群のような、知的な発達がよくて、高機能といわれる発達障害の子どもたちが経験する最大の不幸は、その状態に対する両親や周囲の理解が、あまりにも悪いことです。空気が読めないで、まわりから「浮いている」状態によくなりますが、それを厳しくしつけることで、「普通の子どもになる」と誤解されて、家庭内での養育や学校の教育を受けることほど、彼らにとって不幸なことはありません。

どんなに厳しくしつけられても、発達障害の特性が消えることはないのです。それどころか、無理解な育て方をされると、気持ちが徐々に被害的になって、不登校やひきこもりに向かわせるし、大きくなったときに、攻撃的な感情を抱くことになるかもしれません。

たしかに、集団生活では迷惑をかけることもあるでしょうし、親もいろいろ振りまわされるでしょう。このままでいいはずはないと、親なればこそ思うのかもしれません。しかし、その気持ちを乗りこえて、「この子はこのままでいい」と思うことから出発してほしいのです。

大切なことは、障害があるかどうかではなく、その子が感じている「生きにくさ」「苦しさ」をどう手助けしてあげられるかということです。その子が、自分という人間の肯定感をもちながら、毎日、満たされた心で過ごしていくために、どんな方法を見つけられるか、ということです。そのために、専門家の助言が有効であることが少なくありません。

発達障害の子どもの方から、周囲の環境にあわせて適応していくことはさまざまに困難なことが多いのですが、親や周囲が理解して受けいれれば、非常に穏やかかな、規則や習慣をよく守る生活を送ることができます。

幸いなことに、大阪地裁での判決は二〇一三年の控訴審で破棄されましたが、私は強く思います。

再犯の心配があるから、長く刑務所に隔離しておくという、障害に対する「偏見」に満ちた判決を下すのではなく、理解者に恵まれた環境に生きていくことができるようにという、一般社会に向けての強い「希望」や「要求」を、この裁判で表明してほしかった、と。

それこそが、一般社会に向けての司法本来の言葉なのではないでしょうか。

はじまりは親子の愛着から

――人を信じて、自分を信じて――

無条件に、充分に、永遠に愛されるという実感を基盤に
母親との間で育《はぐく》まれた愛着が、
人と自分を信じる基本的信頼を育てます。

健全な社会人になるために

小学校のころ、下校後自宅で勉強をした記憶はまったくなく、毎日地域の友だちと、暗くなるまで遊んでいました。そのことが、健全な社会人になるためにどんなに大切なことであったかは、のちに児童青年精神医学の道を歩むことになって、大きな実感をもって知

ることになります。

精神医学の一般の研修を終え、一九七〇〜一九七一年、カナダのブリティッシュ・コロンビア大学児童精神科に留学したときのことです。当時の小学校では三年生まで、教科書やノートを放課後に自宅に持ち帰らないように指導していることを聞いて驚きました。人間が社会的存在として健全に成熟していくためには、学校ばかりでなく地域社会で、近所の友だちや仲間と自由な時間を充分に経験することが不可欠であると、カナダの人々は熟知していたのです。

ひきこもりの国

近年日本には、不登校といわれる児童、生徒が小中学生だけで一〇万人以上もいます。不登校現象自体、日本固有のことです。大人でもひきこもっている人は、数十万とも百万ともいわれています。さらに国内では周囲の人の目が気になるという理由で、海外に行ってひきこもっている「外《そと》こもり」と呼ばれる人も、何万人という単位でいます。

私は、不登校やひきこもりに苦しむ子どもや当事者ばかりでなく、その家族にも三十数年にわたって会い続け、学校や社会への復帰や再出発を励まし続けてきました。

そういうなかで、マイケル・ジーレンジガーという国際的ジャーナリストの著作『ひきこもりの国』（光文社刊）にであいました。ピュリッツァー賞国際報道賞の最終候補になったほどの著者です。著者は日本を名指しするようにして「ひきこもりの国」と呼びました。

彼の卓越した取材と思索は、日本の青少年が中国や韓国の若者とくらべても、「驚くほどの無気力と厭世観《えんせいかん》に支配されている」ことを冒頭から指摘しています。私も毎年のように、講義などで韓国や中国を訪問しているので、ジーレンジガー氏の指摘する意味はよくわかります。

彼は日本の親子間に、愛着の形成が不充分なことを書いています。愛着とは子どもから見れば、親から無条件に、充分に、そして永遠に愛されるという実感を基盤にして、乳児期から早期幼児期に、母親との関係で育《はぐく》まれるものです。日本の家庭には、夫婦や親子間の会話が不足しています。特に、本音の会話は、非常に不足しています。外国のジャーナリストに指摘されるまでもなく、承知していたことです。

基本的信頼と根拠のない自信

子どもは親子間の愛着形成から、人を信じて、自分を信じていきます。自分と相手を信じることができるから、友だちや先生との関係が自然に円滑に進展していくのです。

不登校やひきこもりは、その過程につまずきがあります。勉強ができないから不登校に陥るわけではありません。むしろ、不登校の生徒には、勉強ができる子どもが多いのです。授業中より休み時間を持てあます生徒です。勉強の出来不出来よりも、休み時間にクラスメートと自由に楽しく交流できるかどうかの問題です。

もう十数年も前になりますが、私は神奈川県学校不適応対策研究協議会の座長を二期六年間務めました。その間私は、今の日本の小学生にとって、授業中の落ちこぼれよりも、休み時間に落ちこぼれることの方が、社会性を身につけるうえで、はるかに心配なことだと訴え続けました。近年、斎藤環氏や茂木健一郎氏のような精神科医や脳科学者は、青少年に「根拠のない自信」をもたせてやりたいと主張しています。

子どもにかぎらず、私たちが日々幸福に生きていくためには、根拠のない自信が必要です。人間は基本的なところで、人と自分を信じて、社会で生きていきます。当たり前のように人と自分を信じる、この感情を、精神分析家のエリク・H・エリクソンは「基本的信頼」と呼びました。多くの人は幼いころ、母親との関係のなかで、愛着が充分に続くであろうと確信し、基本的信頼を育《はぐく》みます。つまりこれが、根拠のない自信なのです。

反対に、「根拠のある自信」とは、たとえば勉強やスポーツがよくできるから自信がある、というものです。しかし、この根拠のある自信しか身につけていない場合、根拠となる勉強やスポーツが自分よりもっとできる人に出会うと、劣等感に陥ることになり、同時に、自分より劣っていると思える相手には、優越感を抱くことになります。優越感と劣等感の間を行き来するような生き方は、どんなに息苦しいことになるでしょう。根拠のある自信は、根拠のない自信に支えられていないかぎり、容易に劣等感にとってかわられるということを、昨今の子どもや若者に接しているとよくわかります。

児童館への期待

アメリカのハリー・スタック・サリヴァンは、人間は人間関係のなかに自分の存在の意味や価値を実感し確認するものであること、人間関係に障害をもったり失ったりしたら、必ず心の病気に陥ってしまうものであることを、説き明かしてくれています。これは子どもにかぎったことではなく、人間が健康で、かつ幸福に生きるためには、共感的で豊かな人間関係を維持していくことが必要なのです。

小学校時代の休み時間や放課後、仲間と共に遊び、喜びや悲しみを共感しあいながら過ごすことが、子どもにとってどれほど価値のあることなのかを知っていただきたいと思います。私は半世紀近い児童臨床の経験のなかで、このことを日々ますます強く実感しています。そして今、休み時間の落ちこぼれのためにも、学校以外の憩いの場としての各地の児童館や児童クラブの存在や役割の意味を、私たち地域社会の構成者は老若男女、改めて考えなければならないと思います。

豊かな人間性を育《はぐく》むもとを知る

―社会の子育て力をアップさせるために―

子育てとは人間関係を作ることであり、
他者とぶつかりながらもしっかりと人間関係を築くことが
子育て力を高め、子どもの内に豊かな人間性を育《はぐく》みます。

人類の宝を手に入れたあとに

一九八六年七月、ワシントンＤＣで開かれたアメリカ自閉症協会の総会で、特別講演をするために招かれた私は、当時のレーガン大統領のメッセージを携えて来会した政府高官の女性と、開会を待ちながら、控え室で雑談していました。

彼女は日本を称賛しました。バブル経済に突入する直前のわが国です。まず、日本は豊かな国だと言いました。それから自由で平和で平等な国だと言いながら、これらはみんな人類の宝だと思う、とつけ加えました。古今東西の人々が等しく追い求めてきた「人類の宝」という言葉を強調したあと、アジアだけ例にとっても、徴兵制度を必要としないで平和を維持できているのは日本とマレーシア（当時）だけではないか、とも語りました。

そんな彼女の、会がはじまる直前の言葉が、非常に気になりました。私の顔をのぞきこむようにしながら、これだけ素晴らしい人類の宝ともいうべきものを、すべて高い水準で手にいれてしまった日本の人たちは、これからいったい、何を目標にして生きていくことになるのでしょうかと、問いかけるように語ったのです。

そのあと四半世紀、彼女の静かな問いかけの言葉が、胸の内で生き続けています。

豊かで平和で平等な国で

最近、毎週のように、二十代初めの若い母親が、生まれたばかりのわが子を殺してしまう事件を耳にします。

しばらく前には、二三歳の母親が、二人の幼い子どもを自宅に閉じこめたまま遊びにでて、餓死させてしまったこともありました。

数年前、私は、夫の暴力に耐えられなくなった女性が、肩を寄せあい暮らしているところを、二箇所、訪問しました。どちらも秘密の隠れ家です。細心の注意を払って秘密にしておかないと、暴力をふるう男性は一人で自立した生活ができず、避難生活している女性を、いわば必死の気持ちで追い求め、探しまわるからです。

また平成二八年に内閣府は、いろいろな理由でひきこもった生活をしている人たちが五〇万人以上いるという調査結果を発表しました。ずいぶん多いと思われるかもしれませんが、専門家や臨床家はもっと多いと推測しています。

小中学校で不登校に苦しむ子どもたちは一〇万人以上といわれます。どうして、平和で平等で豊かなはずの日本で、こういう人たちが生まれたのでしょう。

大人の身勝手で粗末に育てられた

「大人になることを恐れないで」の章でも紹介した、京都大学大学院で研究を続ける木原雅子先生の、全国の高校生を対象にした研究によると、親や大人たちから「大切に育てられている」という実感がもてない生徒は、「大切にされている」と感じている生徒にくらべ、三倍から五倍も異性との性的関係が多く、万引きや自傷行為という反社会的、あるいは非社会的な行動も多いということが、明らかにされました。しかも、そういう生徒たちが年々増加しています。

私たちは、豊かさや自由に恵まれた環境のなかで、いつのまにか、少しずつ自己愛的で自分勝手な生き方に陥っているのかもしれません。そして、子どもが望んでいることに、心や手をかけてやるよりも、親や大人自身が希望し、期待することの方に、意を用いる傾向を強くしてきてしまったのではないでしょうか。

その結果、いくらお金をかけて育てられていても、心の深いところで、子どもたちは、「親や大人の身勝手な気持ちで粗末に育てられている」という実感から逃れられないでいることが、本当に多いのです。

つまり、今の社会は親もふくめて「子育て力」をなくしていて、それが、たくさんのあってはならない事件の温床になっているのではないかと思います。

人間関係の量を増やす

私の子どもたちが幼いころ、妻はおんぶして、隣近所、たくさんの家を行き来したものでした。子どもたちもいろんな家に出入りして遊ばせてもらっていたし、わが家にも毎日のようによその子どもたちが来て、夕ご飯を食べたり、お風呂に入って帰ったりしました。このような濃密な近所関係のなかで、子どもたちは伸び〳〵育ち、生き〳〵とした表情になっていました。

子育ては人間関係を作っていくことであり、その人間関係は、夫婦にしろ親子にしろ、家庭のなかだけで成熟することはありません。他者とぶつかりながらも、しっかりした人間関係を育《はぐく》むことが子育てには重要であり、親子関係の質を高めようと思ったら、まずは人間関係の量を増やすことが第一なのです。

そして、そんな人間たちの関係は、母親にとって、得がたいサポーターになります。育児の主役が母親だとしても、その母親力を存分に発揮するには父親やおじいちゃん、おばあちゃん、そしてご近所の友人知人の支えが必要です。子育て力とイコールの母親力のアップとは、じつは人間関係のパワーアップのことであり、それが子どもたちの内に豊かな人間性を育《はぐく》んでいくことになるのです。

　過日、さまざまな精神的苦悩をもつ少年の「学校」を営む友人に会いました。彼は少年たちと一緒に東日本大震災の現地に行き、焼きそば作りに精をだしたそうです。その結論は、焼きそばを食べてくれた人たちの喜びより、感謝された少年や自分たちの喜びの方が大きかった、というものでした。

　人間は、人間関係のなかにしか、真の喜びを見いだすことができません。震災後、若者たちの見合いや結婚の相談所がにわかに活気づいたという現象も、なにやら象徴的なように感じます。

いい母、いい子という価値観

——プレッシャーにつぶされないで——

ほかの人たちが、どのように感じ、何を言おうと、母と子が互いにいい母、いい子と実感しあえていれば、それでいいこと、それがいいことだと思います。

さまざまなメディアや各所からの子育てに関する情報を見聞きするうちに、お母さんのなかには「自分は、世間でいうようないい母ではないのかもしれない……」と感じたり、そのために、「いい子に育てられるだろうか……」と不安を覚えたりする方がいるかもしれません。本書のまとめとして、これからも母と子がたくさんの喜びと笑顔を共にできることを願って、いい母、いい子という価値観について、私の考えをお伝えしたいと思います。

多種多様なモデル

「いい母」も「いい子」も、典型的な一つのモデルやお手本の例は、あるようでないものです。多種多様な個性の母と子がいて、さまざまなタイプの「いい母」や「いい子」がいる。そしてそれは、母自身、子自身や、母と子の身近にいる人々が、そのように判断すれば、それでいいものだと思います。母親がわが子をいい子だと思うことができれば、その子どもは「いい子」です。同時に子どもが、自分の母親をいい母だと思うことができれば、その母親が「いい母」です。ほかの人たちが、何をどのように感じ、何をどのように言おうと、母と子が互いにいい母、いい子と実感しあえていれば、それでいいこと、それがいいことだと思います。

子どもが思う「いい母」と「母なるもの」

では、子どもが思う「いい母」とは、どのような母親でしょう。単純に考えれば、「自分の言うことをよく聞きいれてくれる母親」です。子どもの希望をよく聞きいれることは、自尊心を育《はぐく》むために、本当に大切なことだと思います。しかしここで問題になるのは、子どもの成長や発達の過程のどの時点で、どのような希望や要求を聞きいれるかということです。

「あのときのあの欲求や要求は受けいれられず、上手に諭されて通らなかった」という経験が、やがて成長したのちの自分にとってどれほど大きな恩恵であったかと気づき、感謝するということがあります。子どもにとってそれは、静かな、そして大きな喜びでもあるのです。「いい母」に育てられたと、感謝や尊敬を伴って思うのです。母親から受けた指示や命令にも、同じような意味があります。

こういった子どもの側の気づきは、子自身が家庭や子どもをもつ際か母親を亡くした際に、特に実感するものでしょう。そのとき、その価値観は十人十色、千差万別です。ということは、現実に子育てをしている最中には、これこそが「いい母」というモデルは「あるようでないもの」といえるかもしれません。あるいは逆に、無数に際限なくあるともいえます。

もう一つ、子どもが日々実感できる「いい母」の姿は、すべての母親が日常的に見せています。それはたとえば、食事やおやつを用意し、入浴させ、服を着せ、夜になると寝かせて……という、子どもが生きていくための基本的な活動を濃密に援助する姿。笑いかけ、話しかけ、子どもの様子を見守る姿。

ですから、母親がどれほどそれらに喜びや生きがいをもって打ちこめるかが大切です。高価なものを身につけさせたり、贅沢《ぜいたく》に飲み食いさせたりすることは、子どもの思う「いい母」と直接に結びつきません。できるだけ不足なく子どもが喜びを実感できるように、心をこめて用意することは、母性そのものでしょう。

さらに子どもだけでなく、私たちは、日々を生きていくために必要な精神的、物質的な物事の基本に「母なるもの」を象徴として置くほど、母性を求めて生きています。たとえば生まれ育った国を母国と呼び、学んだ学校を母校と言います。「母なるもの」は、受けいれ育てる大きな存在なのです。

生きていてくれるだけで「いい子」

その「母なるもの」に、力や喜びを与えるものの代表が子どもです。母が思う「いい子」とは、結論を言えば「母親の希望や期待をかなえ、喜びを与えてくれる子ども」ということになると思います。しかし、母が子に何を希望するかはさまざまです。母親の生い立ちや、時代の影響を受けて、さらに多様になります。たとえば、「誰とでも喜びや悲しみを分かちあえる人に成長してほしい」というような私利私欲の類が入りこむ余地がない純粋な希望の場合も、そうではなくて、「勉強やスポーツや音楽などで他人より秀でてほしい」というような安易で自己中心的な期待が入りまじる場合もあります。私は、できることなら時代の風潮に影響されず、普遍的で真に人間的な期待を、母は子に抱き続けていただきたいと思っています。

「人間」は、文字通り人間関係のなかで生きる存在です。子どもは生まれてまず母親との関係を築き、そのあと、ほかの家族や近隣の人々、先生や友だちへと、親しく交わる人数と輪を広げていきます。ですから、初めて交わる人である母親との関係のあり方が、その子どもの人生を大きく左右するのです。

私が子どもに望むのは、人を好きになることの幸福を知り、人間関係のなかで生き〳〵と輝いて生きていくことです。母親と家族と自分、そして先生や友だちを好きになること以上の幸福はないのです。母親はそのために率先して子どもが交わる人を好きになるように心がけてほしいと思います。

かつて大学病院の小児科で児童精神科医として働いていたとき、難病で重症のわが子を目の前にして、何人もの母親が語った言葉があります。「この子を助けてください。生きていてくれるだけで、いいのです」

母が子に抱く究極の愛の言葉です。

あとがき

子どもが好きで児童精神科医の道を選んでから、半世紀ほども児童精神保健や精神医学の臨床に携わってきました。小さな彼ら彼女たちを見つめ、子どもたちが健康で幸福に大きくなってほしいという気持ちを胸に、長い歳月を生きてきました。

人間は、人を信じることができて、はじめて自分を信じることができます。そして、自分を信じることが生きる力になります。それには、赤ちゃんのときからお母さんをどれくらい信じられるかが重要になるのです。

温かな人間関係の中でこそ、人間は生きていることを実感できます。

育児の基本は、子どもがその一生をとおして、よい人間関係を持ちつづけられるように育てることです。よい人間関係を失ってしまうことがないように生きていけたら、健康で幸福な一生を過ごせます。

ですから、子どもたちを一生懸命かわいがって育ててください。どんなときにも愛してください。子どもは愛されることで、人を信じ、自分を信じられるようになります。

児童精神科医として子どもたちに寄り添い、子どもたちの心にふれてきた歳月は、私を幸福にしてくれました。保護者や保育士のみなさんとお話をすることも私の生きがいでした。病を患い、残念ながら現在は診察も講演もできなくなりましたが、半世紀あまりの児童精神科医としての人生は、これまで出会ってきた方々に支えられ、よい人間関係に包まれてきました。心よりお礼を申しあげます。

この小著は雑誌「暮しの手帖」に連載した原稿をあらためてまとめたものです。五年にわたる連載では、暮しの手帖社の平田純子さん、尾形道夫さん、山崎悠華さん、長谷川洋美さんに担当していただきました。また、山脇百合子さんに挿絵を寄せていただき、福音館書店の鈴木敦さんの熱心なおすすめとお力で、本書をまとめることができました。感謝しております。

世の中のすべての子どもたちが、お母さん、お父さん、そして周囲の人々から愛され、人間関係に恵まれた幸せな人生を送れるよう、願ってやみません。

二〇一七年四月吉日

著者紹介

佐々木正美（ささき まさみ）

児童精神科医。1935年、群馬県前橋市に生まれる。1966年、新潟大学医学部を卒業後、ブリティッシュ・コロンビア大学に留学し、児童精神医学の臨床訓練を受ける。帰国後、国立秩父学園（重度知的障害児居住施設）厚生技官、東京大学医学部精神神経科助手（併任）文部教官を経て、財団法人神奈川県児童医療福祉財団・小児療育相談センター所長、社会福祉法人横浜市リハビリテーション事業団参与、ノースカロライナ大学医学部精神科TEACCH部非常勤教授、川崎医療福祉大学医療福祉学部教授を歴任。専門は児童青年精神医学、ライフサイクル精神保健、自閉症治療教育プログラム「TEACCH」研究。糸賀一雄記念賞、保健文化賞、朝日社会福祉賞、エリック・ショプラー生涯業績賞などを受賞。『0歳からはじまる子育てノート』（日本評論社）、『自閉症療養ハンドブック』（学研）、『子どもへのまなざし』シリーズ（福音館書店）など、多数の著書がある。2017年6月永眠。

山脇百合子（やまわき ゆりこ）

絵本作家、挿絵画家。東京生まれ。上智大学卒業。童話『いやいやえん』『かえるのエルタ』『らいおんみどりの日ようび』の挿絵、絵本『ぐりとぐら』『そらいろのたね』『なぞなぞえほん』『くまさん くまさん』（以上、福音館書店）など、実姉中川李枝子とのコンビの仕事が多数ある。楽しい作品は、日本の子どもばかりでなく外国でも高く評価されている。『子どもへのまなざし』シリーズ（佐々木正美著　福音館書店）の挿絵も担当。2022年9月永眠。

本書は「暮しの手帖」（2010年2-3月号～2015年6-7月号）に連載された「母子の手帖」の原稿を、あらたに編集しなおしてまとめたものです。

はじまりは愛着から　人を信じ、自分を信じる子どもに

発行日　2017年9月10日　初　版
　　　　2023年12月10日　第12刷

著　者　佐々木正美
画　家　山脇百合子
発行所　株式会社 福音館書店　〒113-8686 東京都文京区本駒込6-6-3
　　　　電話 03-3942-1226（営業） 03-3942-6011（編集）
　　　　https://www.fukuinkan.co.jp/
印　刷　精興社　製　本　積信堂　デザイン　森枝雄司
NDC143　208ページ　19×13センチ　ISBN978-4-8340-8345-3